神社合祀 再考

由谷裕哉【編】
Hiroya Yoshitani

岩田書院

神社合祀 再考　目次

緒論　神社合祀研究と地域社会

由谷裕哉

本書の狙い

本書は、日露戦後の神社合祀、研究者によっては神社整理とも呼ばれる地方における神社の統廃合、およびそれに先立つ地方の小祠整理を考察対象とする論文を集めている。各論文は、執筆者各自がこれまで関わってきた地域社会に焦点をおいた事例分析を行っており、かつ価値中立的な立場から考察がなされている。個々の事例分析によって、これまでの神社合祀・整理に対する通念を相対化し、可能であれば代案を提示できれば、という大望をも有する論集である。

地域社会に焦点をおき、価値中立的な立場から、これまでの通念を相対化する、などとわざわざ断ることにも注釈が必要だろうが、それを行う前に、術語としての神社合祀・神社整理の大雑把な説明から始めたい。

術語の説明（神社合祀・神社整理ほか）

まず、神社合祀・神社整理という術語の違いについて。ある地域社会（行政村、あるいは近世の村の範囲を継承する大字など）に、たとえばA社・B社・C社という三つの神社があったとする。このうちB社とC社を廃祀してA社に統合すること、具体的にはB社およびC社の御祭神をA社の本殿に合わせて祀ることにすることを、(合わせて祀るので)神社合祀と称する。(1) つまり、術語としての神社合祀は、御祭神の移動・統合といった具体的な手順に注目した語ということになる(本書収録の由谷論文に、本殿に収められた被合祀社の御神体の写真が掲載されている)。

なお、B・C社の御祭神をA社の境内に移して境内社とする場合もあるが、これを神社合祀と呼べるかどうかは後で検討する。

それに対して、A・B・C社がかつて立地していた地域社会において、三社あったものが一社に縮減されたことに注目する立場からは、こうした出来事が神社整理と呼ばれる。つまり、神社整理という術語は、廃祀された神社(B・C社)の御祭神がどこへ行くかではなく、行政あるいは神社制度によってB・C社が廃祀され、A社に一本化されたことを重く見る観点に立脚しているのであろう。この分野の研究史についてはきわめて簡略に後述するが、その早い時期から、そうした政策ないし制度的な局面に注目する論者(森岡清美・米地実・孝本貢ら)が、「神社整理」の術語を一貫して使用していた。(2) 本書所収論文においても、それとはやや異なるニュアンスかもしれないが、柏木論文および及川論文が神社整理の語を使用している。

ちなみに、上記のようにB・C社をA社の境内に祀る場合においても、B・C社は整理(廃祀)されたことになるので、それを神社整理と称することには問題はない。

明治三九年の二つの勅令など

次に、こうした事象の歴史的な局面について。通説では、明治三九年(一九〇六)に出された二つの勅令、「府県社以下神社ノ神饌幣帛料供進ニ関スル件」(九六号、同年四月)および「神社寺院仏堂合併跡地ノ譲与ニ関スル件」(二二

○号、同年八月）を起点とするとされている。この事業が実施された時期の首相は西園寺公望、行政の指導に当たったのは内務省で大臣は原敬、同省神社局長は水野錬太郎であった。

勅令九六号は、官国幣社への経費供進とセットになったもので、官国幣社（官社）ではない民社（府県社以下の神社の通称）に神饌幣帛料供進社というカテゴリーを設けようとするものであった(3)。府県社以下の神社をも国家の宗祀とすることで、神社の整理合併を奨励することの前提となった、という評価もある(4)。というのも、当時の神社局長だった水野錬太郎が、府県社以下への神饌幣帛料供進の法制化に尽力したことを後に回想して次のように述べていたように、内務省にそうした志向があったとも考えられるからであろう。「国家と神社の関係を維持するのにはどうしても国家よりその経費を永遠に供進せねばならない。これが即ち神社は国家の宗祀なるといふ主義に適応するものであるといふ結論に到達いたしました(5)」。

もっとも、勅令自体には地方神社の統廃合を云々する文言はみられない。わずかに同年四月、内務省が催した地方長官会議において、招集された地方長官に対して「地方事務ニ関スル注意参考事項」一一項目が指示されたうち、その冒頭に「神社合祀勧奨ノ件」が掲げられていた。そのため、この勅令九六号を内務省の神社合祀策の始まりに位置づける見解があるのである。

なお、先に神社合祀と神社整理という二つの術語の違いをみたが、このように神社合祀については、歴史的な文書（ここでは、地方長官会議における注意参考事項）に現れる語、一種のフォークタームでもある。

勅令二二〇号は、神社の合併によって廃祀とされた神社の境内が官有地の場合、内務大臣がその境内官有地を合併した神社等に譲与できるとするものである。同じ八月には、内務省の神社局および宗教局の局長からの通牒「社寺合併跡地譲与ニ関スル通牒」（社甲第一六号）も出されている。この通牒では、神社や寺院の数が増え、由緒をもたない矮小な村社や無格社が夥しくあり、「崇敬ノ実挙ラサルモノ少カラス」な現状であるので、「神社寺院等ノ尊厳ヲ計ラントスル」ために「神社寺院仏堂ハ成ルヘク合併ヲ行ハシメ」云々と指示がなされている。(6) そうしたこともあって、この八月をもって全国規模の神社合祀が始まったと解釈されることが多い。(7)

翌九月には、水野錬太郎神社局長が、社寺の合併は「其管理の任にあたる地方長官の手加減に一任」しており、「当局も強て干渉するものにあらず」と述べている。(8) このように、明治末における神社の大規模な統廃合は、内務省の指示によりつつも、行政としては地方の状況に合わせて行われたため、府県あるいはその下の郡による違いがきわめて大きいものとなった。

研究史の偏り

上記のように明治三九年(一九〇六)段階においては、神社合祀の「勧奨」(地方長官会議)であったり、合併を「成ルヘク」「行ハシメ」(社甲第一六号)るべしとの指示であったりのように、神社の合祀合併を内務省が強制する、という方向性ではなかった。しかし、府県によっては一町村一社を目指して合併が強行される場合も若干はあったため、(9) 研究史にはこうした神社行政を一種の悪政と捉え、それに批判的な立場からの立論も少なくなかった。

神社合祀・整理について比較的早い時期における学術的な議論として、橋川文三が一九六三年に発表した「明治政治思想史の一断面」のなかで、「明治末年における神社合併政策」を次のように位置づけている。

あたかも明治国家の統合が自然村的部落形象の解体、絶対主義的政治村落(＝町村自治体)の人為的創出によって推進されたと同じ論理にもとづき、一切の未組織の民間信仰を廃絶し、国家神道という堂々たる統一的信仰体系を創出するプロセスにほかならなかった。(10)

引用文で「絶対主義」なる語が使われているように、橋川によるこの位置づけには、講座派イデオロギーに依拠するところが一部あると考えられる（彼は一時期、日本共産党員であったらしい）。なお、同じく左派的な観点からの国家神道理解において、宗教学の村上重良も、「神社の統合政策」を「国家神道の威信を守る必要から、神道の伝統を破壊する」政策であったと糾弾し、「国家神道は、日露戦後の神社合併を経て、制度的完成期に入った」と、この施策が国家神道の形成過程において重要な役割を果たしたと位置づけている[11]。

橋川の論より少し後、一九六六年に社会学の森岡清美が、神社合祀・整理の本格的な研究の濫觴と考えられる論文「明治末期における集落神社の整理―三重県下の合祀過程とその結末―」を発表している。そこでは、三重県知事となった有松英義が内務官僚的な合理主義から県内神社の合祀を強制したことを、主に大正二年（一九一三）の『三重県神社誌』に掲載されている三市四郡について、それぞれ追跡している。さらに、同県の旧山田郡諸村の合祀顛末を役所に残る文書類などによって追跡し、「被合祀社の祭礼復興」にも触れている[12]。森岡のこうした実証研究は、橋川らのような左派イデオロギーを背景にしたというより、自身が三重県出身者であることから、有松知事のような内務省出身者（後に内務省に戻る）によって郷土の多くの神社が破壊されたことに対する強い反発が起点にあったのではないかと推察できる。

その森岡は一九八七年に、神社合祀・整理に関する本邦初の学術書と考えられる『近代の集落神社と国家統制』を上梓することになる。そこでは、①内務省・府県・その下僚といった官僚制的権力機構、②神社の氏子崇敬者・地域住民、③神職・有識者、といったおよそ三者の「運動体」の相互作用として、「神社整理の展開と終結を捉えようとした[13]」とされるように、一九六六年論文から枠組がかなり変化していた。とはいえ、著書名に「国家統制」なる語が含まれるように、上記の①「官僚制的権力機構」側の動きが否定的な含意で捉えられていたことは、一九六六年論文と大差ないかもしれない。そうした意味では、完全に価値中立的な議論だとはいえまい。

同じように社会学の観点から神奈川県相模原市の一村落の神社整理事例を分析した孝本貢は、一村一社を目指す郡長の方針に沿って、明治四二年に新たに選出された村長がそれを推し進めようとしたのに対し、住民がそれを阻止しようとした過程を追跡した。そこでは、前者の姿勢について「国家神道という国教的信仰体系を地域末端神社に至るまで貫徹し」云々と、それを否定視するかのような含意を感じさせる表現はあるものの、住民側が反対した理由を、従来の部落《ママ》の勢力関係やリーダーシップのあり方に求めている。つまり、悪しき国家統制に対して無辜な氏子住民が抵抗した、といった一面的な解釈は避けられており、傾聴すべき結論となっていた。[14]

ともあれ、森岡清美の一九六六年論文以降、神社合祀・整理に関する実証的な研究が、森岡や孝本らの依拠した社会学以外にも、歴史学（近代史）・民俗学・地理学・宗教学・神道学・文化人類学など多方面から出されるようになった。

このうち、たとえば宗教学の華園聰麿のように、価値中立的な立場から島根県および宮城県の神社政策を冷静に分析した論考もみられる。[15] しかし、上述した橋川文三・村上重良、そしてある意味では森岡清美のように、神社合祀・整理を国家神道的な施策の一環、ないし悪しき国家統制と捉えるような見解は少なくない。民俗学においても、神社合祀を自然村的な文化を破壊する悪政と捉え、氏子住民が合祀以前への懐旧ないし愛着の念を有することを、むしろ自明視するような議論がしばしばみられた（本書所収の由谷論文参照）。

たとえば民俗学の徳丸亞木は、明治末から大正期における『全国神職会会報』に掲載された言説によって森や氏神・集落神社に関する認識を解明しようとする論文において、まず神社合祀政策を「家郷社会の信仰的な中心であった集落神社を、行政村単位の氏神へと統合することにより、民心の統一を図ろうとする」政策だと規定する。分析の結果、徳丸は次のように述べている。

> 神社合祀を推進する立場の者にとって、集落神社を行政村や大字の氏神へと収斂させることは、天皇を中心とした家族国家観の媒介項として氏神を位置づけることであり、そこでは、同時に「家」の祖先や「祖神」を氏神へと統合しようとする意図が示された(16)。

起点と結論とがほぼ同じではないか、という疑念はさておき、神社合祀・整理を悪しきものと位置づけるところから論全体が組み立てられていることは確かであろう。この引用箇所においては、民俗学者に求められるのは「家」の祖先や「祖神」に到達することであり、合祀策はそこへの道を阻んだもの（悪政）と考えられているのであろう。

南方熊楠の神社合祀反対運動

以上、神社合祀・整理の先行研究のうち、政治思想史・宗教学・社会学・民俗学の観点からの悪政・圧政視の例を概観してきた。しかし、こうした実証的な手順を踏まえた（橋川と村上はそうではなかったが）神社合祀・整理の学術研究というより、もう少し一般的に神社合祀・整理を否定的に捉える通念は、和歌山県に居住した粘菌学者の南方熊楠による神社合祀反対運動の影響が大きいのではないだろうか。たとえば、明治四三年（一九一〇）一月、南方の旧友木下友三郎が水野の次代神社局長であった井上友一《ともいち》に南方の「意見書」を渡して「頗る同情を以て迎へられ」、内務大臣（平田東助）宛の請願書を徴せられたことが、南方の古田幸吉宛同年一月一五日付け書簡に見られる(17)。翌明治四四年三月からは柳田國男との文通が始まり、同年九月に南方の神社合併反対意見書、いわゆる「南方二書」を柳田が印刷し、和歌山県の川村新知事や侯爵徳川頼倫《よりみち》ほかの名士に配布した。同書は、水野・井上という新旧神社局長にも渡されていた。

南方の神社合祀反対運動にこれ以上深入りすることは避けるが、神社合祀・整理研究に関する本格的な学術書の最初のものである先述の森岡『近代の集落神社と国家統制』において、南方の合祀反対運動が大きく貢献したと評価されていることが、上記のような通念の形成にも影響を与えたのではなかろうか。森岡は、少なくとも明治四四年七月に和歌山県が未合祀社の存置を認めたことを、南方の運動の成果とみている。

彼こそ全国の世論に明確な運動の形を与え、政府の方針にいく度か修正を迫った中心人物である。かくて神社整理は、その歩度を緩めて終熄に向かったのである。(18)

なお、南方の神社合祀反対運動に関しては、本書の執筆者でもある畔上直樹が、南方の反対運動の拠点であった和歌山県日高郡矢田村(現・日高川町)入野地区の大山神社が、土生地区の八幡神社へ合祀されるに際して、南方との多くの往復書簡が残る入野地区の住民で、南方の従弟に当たる古田幸吉が行った抵抗運動を検討している。詳細は畔上の著書をご覧いただきたいが、当時の入野地区に大山神社を保持しようとする声はみられたものの、とくに資力のある有力者にその意向は稀薄であり、合祀された後の抵抗(「復祀的行動」と形容される)も持続しなかったとされる。また、南方はこの合祀反対運動の時期に入野を訪れなかったらしく、そのことからも彼の言説と現地の事情との間に乖離があったとも推測される。(19)

そうした意味からも、南方の運動から神社合祀を圧政とみてしまう通念へと短絡することは、戒められるべきであろう。

神社中心説・民心の統合

神社合祀・整理を否定視する通念における今一つの根拠は、やはり森岡著作がおそらく最初に定形化したと思われる内務官僚の神社中心説と、その内実を民心の統合と見る解釈であろう。

森岡は、『神社協会雑誌』六―七（一九〇七年）に掲載された無署名の「神社を中心とせる地方自治」が当該説の端緒であり、それは「神社局のホンネ」（森岡著書八四頁）であったとしている。その翌年、神社局長であった水野錬太郎の講演「神社を公共団体の中心とすべし」[20]にその説が継承され、それに続く井上友一の「神社中心の説」[21]を、「神社中心説の語が初めて大きく登場する」演説であったとしている（同八九頁）。さらに森岡は、こうした「神社中心説」が「内務省の神社行政担当者により一つの行政イデオロギーとして形成されたことが明らかである」とする（同九一頁）。

このうち水野の論は、公費を府県社以下に供進するために合祀する、そうすれば団結などに役立つであろう、という結果の予測が中心的な主題であった。森岡は、「神饌幣帛料の供進と一町村一社を目標とした合祀とが抱き合わせになっていただけでなく、合祀を起爆剤として神饌幣帛料の供進から社費供進へとエスカレートさせる意図を水野がもっていた」（同八八頁）と述べているが、果たして水野の講演では、「神社の数さへ少なくなれば、其費用は決して多額を要することはあるまい。一町村で一神社の維持が出来ないと云ふことはない」（『自治制の活用と人』一二四頁）とあるのみである。森岡のように、これを一町村一社の合祀を目指せという意味に解釈するのは、明らかに行き過ぎではないだろうか。

続く井上の論については、筆者（由谷）が詳しく検討したことがあるので、詳細はそちらに譲る。[22]井上講演の要点は、神社への崇敬が町村の自治に役立った事例を七地域あげ、神社あるいは神職が地方自治に対して果たすべき役割を示す、といった内容かと思われる。冒頭で「神社を以て地方の中心と為すべし」は水野前神社局長が主唱してきたことであるとし、それがタイトルにもなっているが、森岡が導いたような「民心の統合を図れと説く」（同九〇頁）ものであったとするのは、再び解釈の問題になってしまうが、井上はそう主張していないのではないだろうか。また、これは森岡も指摘していたが、水野と井上の神社観は相当に異なるものであったので(23)、個々に即して理解すべきであろう。

しかるに、森岡が抽出した「神社中心説」およびその目標とされた「民心の統合」は、その後多くの研究者によって水野・井上による元のテキストの読み直しを踏まえること無く、悪しき施策としての神社合祀・整理を形容するキャッチフレーズのように縮小再生産されることになった(24)。

以上のように森岡清美『近代の集落神社と国家統制』は、この分野のパイオニア的な業績であり、細部の実証分析には今も学ぶべき所が多いものの、南方熊楠の神社合祀反対運動をことさら高く持ち上げた点、および「神社中心説」「民心の統合」という神社合祀・整理に対するいわば負のラベリングの起点になった点において、再検討すべき問題を現在にまで持ち越した著作だと考えられる。

神社の統廃合過程における明治末の神社合祀

ところで、先に価値中立的な先行研究として、華園聰麿による島根県および宮城県の神社行政に関する論に触れていた。このうち島根県については、飯石郡掛合町の事例において明治初期の神社整理によって小祠が大幅に減少したことが指摘されていた(25)。また、本書の執筆者でもある時枝務は一九八六年に、群馬県伊勢崎市上之宮の事例について、明治前半から小祠仏堂の整理が行われていたことを詳細に分析していた(26)。

本書収録論文のなかでも、柏木論文が熊本県阿蘇郡における明治前半の神社整理を課題としている。このテーマに関するその他の注目すべき先行研究については、同論文を参照されたい。

全国的な動向としては櫻井治男が、「明治初期の神社整理は、神社の調査と結びついている」とし、この時期の神社調査の多くを検討している(27)。

それでは、このような明治前半における小祠の整理統合と、明治末に全国規模で行われた神社合祀とは、関係があるのだろうか。特定の地域社会に焦点を絞れば、その地で明治前半に多くの小祠が統廃合されれば、明治末に廃祀となる村社無格社は少ないだろうから、密接な関係があるのは当然である。それでは、もう少し広い範囲でもそうしたことがいえるだろうか。

実は先にも南方との関係で言及した柳田國男が、明治末の神社合祀は神社の統廃合過程の一環、といった趣旨の議論を一九四〇年代前半にしていたことがある。上記のようなおよそ一九六〇年代から始められた神社合祀・整理研究のような実証的な分析ではない分、そうした諸研究とは異なる立論がみられ、あるいはそれらを相対化する可能性もあるので、簡略に瞥見しておく。

一九四三年に上梓された柳田『神道と民俗学』の全四二パートのなかで、氏神とは明らかに異なる信仰事象として、小祠、中央の大社の分霊、若宮について考察したパート(三一―四〇)に、そうした主張がみられる。たとえば、柳田は次のように述べている。

それから今一歩を進めて考へて見たいことは、この村々の神社の境内社と、相殿といふものとの関係であります。官府の命令又は奨励によつて、近年行われた合祀には思ひ切つたのがあつて、何の御由縁も有り得ない二十幾柱もの神々を、順位も如何はしく並べ立てた例もありますが、其以前の、藩の干渉の無かつた地方に於ても、火災その他の事情によつて、自然に住民の間だけで企てられた合祀といふものが時々はあり、或は又いつの世からとも知れず、よそでは別々の御社に祀るのを常とする神々を相殿として居るものもあります。さうして是にも

境内社と同じやうな、其地限りの主従の地位があつたやうであります。(28)
境内社の場合も是と同じで、一旦氏神の御処と定めて区別してある土地に、新たに一つの客神を迎へ申すとするには、少なくとも元の神の黙諾許容が必要でありました。或はそれ以上に、それが日頃の神慮に合するものと、思つて居たかとも想像せられるのであります。(29)

今まで私は氏神様といふたゞ一柱の、名の無いもしくは名を称へることを許されぬ神を想定して来ましたが、この一柱といふことは実は考へ方でありまして、元に遡りますと我々の氏神は、夙くから一つの大きな合同体でありました。日本の神社合祀は、官府の慫慂を待つことなしに、以前にもくり返し行はれて居たのであります。古記の表に依りますと、氏神は紛れも無く氏の神、たゞ氏人のみの集まつて祭を仕える神でありました。ところが現在は三つ五つの異氏族の者が、共々に一社の氏神の、氏子となつて居るのであります。(30)

引用文の三番目にとくに明確であるが、柳田は史実として明治前半にあったかもしれない神社整理を念頭において立論しているのではない。とはいえ、柳田はこうした立論のなかで、明治末の神社合祀は以前からの自然な流れという一面もある、と主張しているように思える。たとえば、先の引用文の二番目の立論を受ける議論では、「是は既に意識して居る人も少なくなりましたが、明治の御代以来、全国を通じて弘く行はれてた神社合祀といふ政策の、大切な信仰的根拠であらうかと私は思つて居ります」(31)と、この政策を明らかに肯定している。三番目の引用箇所も、同工異曲であろう。

先にもみたように、柳田は明治四四年(一九一一)、「南方二書」を印刷して有力者に配付していた。井上友一が実質的な編纂者であったとも考えられる中央報徳会の雑誌『斯民』で、神社合祀策を酷評する箇所を含む「塚と森の話」を、翌年に発表してもいた。(32)また、敗戦後に小山書店より上梓された『氏神と氏子』(一九四七年)に収録の「敬神と祈願」では、「一大字一村社といふやうな画一的原則を立てたことは誤つて居る」[33]などと述べ、また当時は知己の水野錬太郎に意見した、などと回想もしている。

このように神社合祀についての柳田の評価が、否定（明治末・大正初期）→肯定（戦時下）→否定（占領期）と変転を繰り返すことについて、筆者（由谷）は既に指摘したことがある。[34]明治三九年の二つの勅令が閣議に出される前に内閣法制局の審議を経ているが、そこで柳田は同局の参事官であった。つまり柳田は、神社合祀策が執行されるに当たって（神社局長の水野錬太郎ほどでないにしても）それに直接関与した当事者だったのであり、この施策に複雑な思いがあったのであろう。

ここではそうした柳田の変心より、むしろ先の引用箇所の一番目と二番目の箇所で、神社が合祀される先を相殿と並んで境内社と捉えていることに注目したい。柳田は、客神・マラウト様などとして自然に迎えられた神が境内社などとして多く存在していることが、明治末の神社合祀においても一貫してみられたと考えていたのであろう。

境内社の問題と神社明細帳

そこで、冒頭で神社合祀・神社整理の用語について検討した際の、B・C社が廃祀とされ、A社の境内社になった場合、それを神社合祀と呼ぶことができるか、という問いに舞い戻ることにしよう。柳田の上述の議論では、当然呼ぶべきということになるだろう。

実は境内社を巡るこのあたりの問題は、本書に収録された論文のほぼすべてで探求課題となっていない（畔上論文では、合祀先神社の石祠の問題として注目されているが）。そのため、この緒論に求められている趣旨からは逸脱するし、前世紀において積み重ねられた神社合祀・整理の事例研究においても、境内社の問題は全くといって良いほど顧みられていなかった。

ところが、ようやく今世紀に入って、歴史学および民俗学からの実証的な研究で神社合祀・整理における境内社の意味を問う論文が複数現れたので(35)、少しだけその問題に寄り道したいと思う。

考察を進めるために、筆者が石川県庁から複写を取り寄せた、明治一三年(一八八〇)の神社明細帳によることにしたい。ここで神社明細帳とは、明治一二年の「神社寺院及境外遙拝所等明細帳書式」(内務省達乙第三一号)に基づき、明細帳の項目名および用紙が規定された公文書である。項目はおおよそ、鎮座地、社格、社名、祭神、由緒、社殿間数、境内坪数・地種、境内神社(祭神・由緒・建物)、境内遙拝所・招魂社・祖霊社、境外所有地、氏子戸数、管轄庁までの距離であり、用紙は美濃一三行の界紙(罫線を用いた用紙のこと)が指定され、府県別に内務省に提出された。なお、府県にはその写しが所蔵された。神宮および官国幣社はこれに含まれなかった。

大正二年(一九一三)に内務省令第六号により書式の改訂がなされ、およそ境外所有地、管轄庁までの距離などの項目が割愛された。府県によってどちらの書式が残されているか異なるようだが、一九五一年の宗教法人法施行まで、この神社明細帳が神社に関する府県の公簿になったとされる(36)。神社明細帳において神社の合祀や廃祀は、一般に朱字で追記される。

石川県庁所蔵の神社明細帳について、筆者はごく一部(石川郡・能美郡・江沼郡・羽咋郡・鹿島郡の各々一部)を見ているにすぎないが、①明治一二年から一五年位までのものと、②大正二年の書式にそって活字で印刷された昭和期と推察される記載年のないもの、③両者の間の時期(明治後半から大正)に神社の移転などによって新たに提出されたものなど、異なる書式のものが一緒に綴られている。なお、筆者が確認したごく一部に関する限り、廃祀となった神社の明細帳は廃棄されていた。

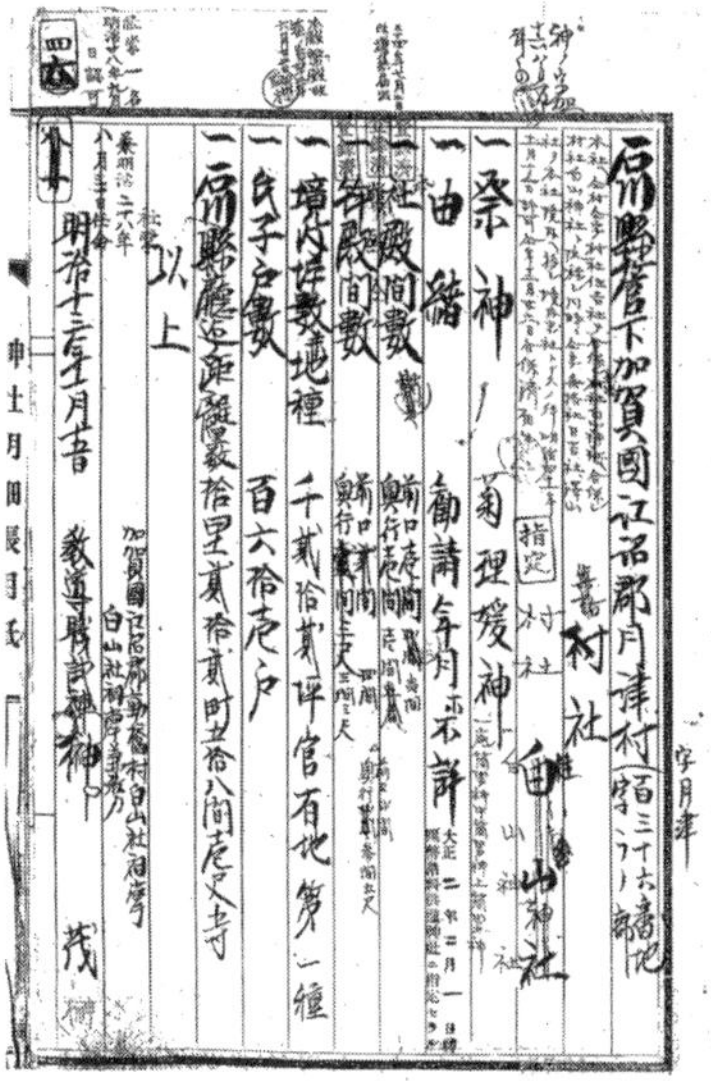

写真1　明治13年神社明細帳
月津村白山神社　冒頭

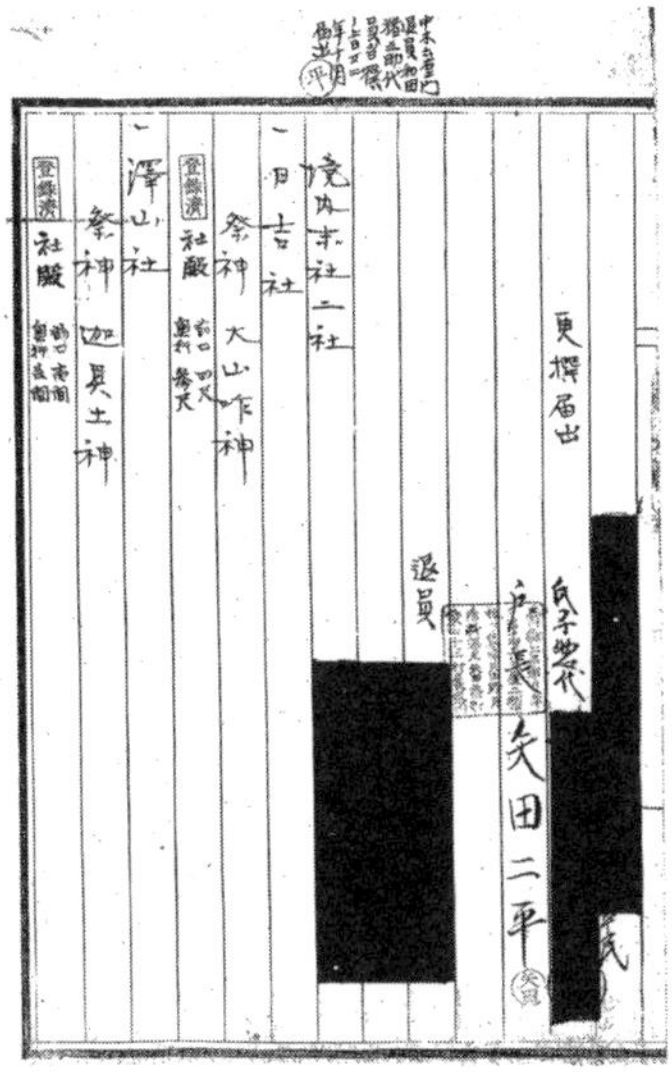

写真2　明治13年神社明細帳
月津村白山神社　末尾

以下に参照するのは、そのうち明治一三年の神社明細帳である。写真1は、旧江沼郡月津村、現在の小松市月津町に立地する白山《はくさん》神社（旧村社）、旧称白山社の明細帳の冒頭部分である。

この明細帳では「社格」の項目（村社）および「社名」の項目の上に、次のようにある。「本社へ同村同字村社住吉社（以下八字に縦線で削除）ヲ合併シ村社白山神社ト改称シ」までが本社への合併で、次が「同時ニ同字無格社日吉社、澤山社ヲ本社境内へ移シ境内末社トナスノ件」云々とあるのが境内社としての移転である。さらに、両者の許可は明治四一年一一月一一日であり、同年一二月二六日に合併済み、とある。

本社に合併された住吉社に関しては、祭神を底筒男神・中筒男神・上筒男神として、もとの白山社の祭神とされる菊理媛神の下側に追記されている。

それに対して境内末社となった日吉社および澤山社については、祭神の項目に追記されていない。その代わり、明細帳の末尾に「境内末社二社」の項目があり、そこに日吉社と澤山社の祭神・社殿が記載されている(写真2)。

このうち澤山社は、現地情報によれば藩主に処刑された者の怨霊を、後に祀ったものであるらしい。江沼郡エリアに関しては天保年間(一八三〇—四四)成立とされる『加賀江沼志稿』が遺されているが、その月津村の神社分には白山社・住吉社・山王社の三社が掲載されるのみで、澤山社は掲載されていない(37)。

その澤山社の来歴はともかくとして、この白山神社に関しては、明治四一年(一九〇八)に無格社の一社が本殿に合祀され、澤山社を含む無格社二社が境内社として移転された、ということである。

ちなみに、石川県庁所蔵の神社明細帳の明治一二・一三年分への追記に関しては、神社によって合併と合祀とがほぼ同義で用いられており、両方とも祭神の項目に追記がなされている。この神社の明細帳への追記でも、「合併」の語が本殿への合祀の意味で使われているということである。

要するに、石川県庁所蔵の明治一二・一三年の神社明細帳に限り、ということだが、本殿への合祀(合併)と境内社への移転が、明細帳への追記の仕方において明確に分けられているのである。

もっとも、後に編纂された『江沼郡誌』の「神社併合」項目では、「被合併社」の項目に月津村月津の村社住吉社、無格社日吉社、同澤山社という三社が、また「合併社」の項目には同所の村社白山神社が、それぞれ記載されている(38)。これは、この郡誌における「併合」「合併」の意味合いが、本社への合祀と境内社への移転、双方を含んでいるからであろう。先にもみたように、廃祀された社の御神体が本社・境内のどちらに移っても神社整理とみなされるが、当該郡誌の該当箇所の視点もそれと同じということである。

とはいえ、廃祀された社の氏子崇敬者の意識としては、統合された神社の本殿に御神体が合祀されるのと、境内に移されて祠、場合によっては鳥居も移されたのでは、かなり違うのではないだろうか。なお、この月津町白山神社の例では、明治四一年に本殿に合併されたはずの住吉神社も現在は境内社となっており、鳥居も敷設されている（澤山社にも鳥居がある）。

さらに、筆者が複写を入手した石川県庁所蔵の神社明細帳に掲載された他神社の内にも、この白山神社と同じように明細帳上は「合祀」「合併」とある被合祀社が、現在は境内末社となっている例や、境内地の移転あるいは焼失からの復興によって、境内社の現在の祭神が明細帳時点とは異なっている例が、それぞれ複数見られる。

このように、神社の統廃合における境内社の問題は謎を含んでおり、あるいは旧来の神社合祀・整理の研究を刷新する可能性を有するかもしれない。本書に収録の論文では残念ながら境内社についてはほぼ触れられないので、あえて脱線してこの課題を（柳田國男の境内社解釈と共に）付記しておき、将来的に研究が進展することを期待したい。

本書収録の論文について

さて、既にかなりの紙幅を費やして、神社合祀・神社整理の周辺についてみてきた。以下、本書収録の論文について、簡単にその考察内容に触れるに留めておく。

冒頭の柏木論文は、これのみ明治前半の神社整理を中心においた論となっている。事例は熊本県阿蘇郡であり、森神や同族の氏神が明治二二年（一八八九）の町村制までに整理され、ムラ氏神としての神社が成立した経緯などが詳述されている。柏木は二〇一五年に「山野路傍の神々の行方―「阿蘇郡調洩社堂最寄社堂合併調べ」一覧課題」(39)を書いており、それと併読することにより理解が深まるかもしれない。

及川論文は、神社が一種の外来宗教であった奄美群島が事例とされている。本土における明治二二年の町村制以降、村と村社の成立が同時代的に進行し、明治四一年の「島嶼町村制」により、それがいわば追認されたという、これまでの神社合祀・整理研究にはみられなかった稀有な事例であろう。結論部分で及川が「宗教」という語に込めているものは、彼の二〇一六年の著作『「宗教」と「無宗教」の近代南島史』(40)における議論が踏まえられていると思われる。

時枝論文は、群馬県高崎市南大類町で複数の村社・無格社を無格社に合祀して成立した大住神社の氏子崇敬者が、神社合祀の経緯を記録した記念碑の銘文を分析したものである。村人が基本財産を蓄積したことで鎮守を維持した経緯が銘文に記されていること、記念碑としては鎮守喪失の危機という災難に対して、人々が結集して難局を乗り越えた事実を後世に伝えるためのものと解釈するなど、興味深い分析内容となっている。

畔上論文は、新潟県上越市大和《やまと》の大和神社を事例とし、その合祀記念事業を分析している。事例は、かつて高田城下町の近郊農村で、現在は新しくできたJR北陸新幹線妙高駅の近くという変動する地域に立地し、大字を超えた合祀が行われたとされる。試論と断りつつ、合祀政策の推進に対して地域社会の拒絶感が強すぎもせず弱すぎもしないという、絶妙なバランスにあったことが記念事業の必要条件とされた、など注目すべき議論が行われている。

由谷論文は、アニメやゲームの聖地として知られる茨城県大洗町内で、近世村と対応する一地域を事例とし、茨城県庁所蔵の神社明細帳に掲載された無格社一五社を、複数の近世近代に関する文献と照合している。その分析を通じて、明治末に神社合祀・整理は見られないものの、近世から現代までゆるやかな神社の統廃合があったと結論づけている。

以上のように、五論考の対象とするそれぞれの事例地域によって、その神社合祀・整理のあり方が大きく異なっている。明治前半に神社の統廃合があった阿蘇のように時代の違いもみられるし、近世村の範囲でかなり多くの神社が残った場合(大洗)に対して、大字を超える合祀が強行された場合(高崎市・上越市)、奄美のように一般的な意味での神社合祀・整理がほぼなされなかった場合など。

こうした違いを考察する補遺として、各々の事例となっている県について、森岡清美『近代の集落神社と国家統制』における「神社残存率」を示しておきたい。これは明治三四年（一九〇一）を一〇〇とした大正六年（一九一七）の神社数を百分率で表したもので、同書当該頁を含む箇所の元の形態が出された当時から、この両年のみを対比することには疑念が提出されていた。[41] とはいえ、全県に対して共通の指標で百分比を求めたものであるので、全く無益だとはいえないだろう。[42]

森岡はさらに、この神社残存率がゼロから三〇％までをA激甚県、六〇％までをB強行県、八〇％までをC順応県、それ以上をD無視県と分類している。

森岡著書の神社残存率および上記の四分類に従えば、柏木論文の熊本県は九〇％でDランク（無視県）、及川論文の鹿児島県は六九％でCランク（順応県）、時枝論文の群馬県は少し低くて三五％のBランク（強行県）、畔上論文の新潟県は七〇％でCランク、由谷論文の茨城県は六七％で、これもCランクとなる。[43]

時枝論文の群馬県のみBランクであるが、同論文の事例で新たに村社となった一社に対して複数（文書史料上は六社、記念碑銘文のうえでは一〇社）の被合祀社があったことが想起される。柏木論文は明治前半を主な分析対象としており、及川論文の事例である奄美も、鹿児島県の九州側とは異なる宗教環境にあったと考えられるので、この百分比とAからDまでの四分類は、とくに両事例に関しては参考程度であろう。由谷論文でも、多くの無格社が残ったことを大洗磯前神社との関わりで解釈しており、県全体の神社残存率とは無関係かもしれない。

また、これまで神社合祀・整理研究が数多く蓄積されてきた三重県（一一％）や、南方が合祀反対運動を展開した和歌山県（一三％）のようなAランク（激甚県）が、本書所収の五論文に含まれていないことについても付記しておきたい。

ここまで縷々考察してきた趣旨からみれば、むしろ先行研究の多くが注目してきた三重県や和歌山県のような(森岡のいう)Aランクの「激甚県」こそが、日本のなかでの特異例ではなかっただろうか。その意味で以下に続く五本の論文は、事例の選び方においても先行研究の代案を志向する意味合いを含んでいる。

注

(1) 英語の定訳は shrine mergers である。これは、一九七三年に日本国内(上智大学)で出版された W. M. Friedel の英文著作 *Japanese Shrine Mergers 1906-12: State Shinto Moves to the Grassroots* のタイトルに由来しているようである。この訳語だと、御神体が合祀社の本殿に共に祀られるニュアンスまでは伝わらないが、このような事情で我慢するしかないであろう。

(2) 森岡清美『近代の集落神社と国家統制』(吉川弘文館、一九八七年)、米地実『村落祭祀と国家統制』(御茶の水書房、一九七七年)、孝本貢「神社整理と地域社会―神奈川県相模原市の事例―」(笠原一男〈編〉『日本における政治と宗教』吉川弘文館、一九七四年)、など参照。

(3) 神饌幣帛料供進社については、たとえば、櫻井治男『蘇るムラの神々』(大明堂、一九九二年)の第三章「神饌幣帛料供進社の指定をめぐる問題」を参照されたし。

(4) 阪本健一「神官教導職の分離」(『千家尊宣先生還暦記念神道論文集』神道学会、一九六八年)、三〇七—三〇八頁。

(5) 水野錬太郎「官国幣社の経費供進と府県社以下神社の神饌幣帛料供進の二問題」(初出一九〇六年、松波仁一郎〈編〉『水野博士古稀記念　論策と随筆』水野錬太郎先生古稀祝賀会事務所、一九三七年)、七九九頁。

(6) 内務省神社局(編)『神社法令輯覧』(一九二五年)。通牒の文言は、前掲の森岡注(2)著書、七四頁、米地注(2)著

書、三四七―三四八頁にも掲載されている（森岡著書には誤植がある）。

（7）大霞会（編）『内務省史』第二巻（財団法人地方財務協会、一九七〇年）、四三―四四頁。

（8）水野錬太郎「偉人の表彰と国民の感化」（『神社協会雑誌』八―一一、一九〇九年）。

（9）河村忠伸は、「神饌幣帛料制度と関連させると境内坪数一五〇坪、氏子崇敬者五〇戸の神社造成、若しくは「一村一社」という整理目標が見えてくるが、教務局調査課作成の資料に掲載された各府県通達では必ずしもそれと合致していない。（中略）また「一村一社」を明文化した通達は数県に止まる。従って明治末期の「一村一社」も整理目標として掲げられたものの一つであり、全国基準ではなかったと見るべきである」と述べている。河村『近現代神道の法制的研究』（弘文堂、二〇一七年）、九四―九五頁。

（10）橋川文三『柳田国男論集成』（作品社、二〇〇二年）、二四五頁。

（11）村上重良『国家神道』（岩波書店、一九七七年）、一六六―一七〇頁。村上による国家神道論の位置づけについては、次を参照。昆野伸幸「村上重良「国家神道」論再考」（山口輝臣〈編〉『戦後史のなかの「国家神道」』山川出版社、二〇一八年）。

（12）森岡清美「明治末期における集落神社の整理―三重県下の合祀過程とその結末―」（『東洋文化』四〇、一九六六年）。

（13）森岡注（2）著書、四頁。

（14）孝本注（2）論文。

（15）華園聰麿「明治期神社政策の一考察―島根県飯石郡掛合町を中心として―」（『山陰文化研究所紀要』二三、一九八三年）、同「明治期における神社政策の経過と影響―宮城県の神社関係稿文書の分析を中心にして―」（『日本文化研究所報告』別巻二五、一九八八年）。

(16) 徳丸亞木「神社合祀政策における氏神・祖先・「森」の認識──『全国神職会会報』を中心として──」(『歴史人類学』三三、二〇〇五年)。

(17) 南方文枝『父 南方熊楠を語る』(日本エディタースクール出版部、一九八一年)、一八七頁。

(18) 森岡注(2)著書、一五一頁。本文に記した柳田による「南方二書」の印刷配布の他、南方が和歌山県選出の代議士中村啓次郎と提携した対帝国議会対策や、メディアへの合祀反対意見の寄稿については、同書、一四二──一五〇頁を参照。なお、森岡著書の一四一頁に、「内務大臣平田東助(明41・7〜44・8)のもとで合祀が厳格に遂行されるや、様々な弊害が出現しだした」云々とあることについて。これは、この一文を含む段落に付いている注記(同書一五八頁の注(2))で参照される、南方文枝注(17)著書一二六頁に出る、南方熊楠の「神社合祀反対随筆(一)」における議論を、森岡が要約したものであろう。少なくとも森岡著書では、平田内相の前と後で神社合祀政策がどう変わったのか、は検討されていない。

(19) 畔上直樹『「村の鎮守」と戦前日本 「国家神道」の地域社会史』(有志舎、二〇〇九年)、第一章「神社合祀問題における「抵抗」と「容認」」、および第二章「再考・大山神社合祀問題と南方熊楠──「合祀容認」という立場」を参照。

(20) 「神社を中心とせる地方自治」(『斯民』三──一、一九〇八年)。水野錬太郎『自治制の活用と人』(実業之日本社、一九一二年)に再録。

(21) 井上友一「神社中心の説」(『全国神職会々報』一一二、一九〇八年)。

(22) 由谷裕哉「井上友一と柳田國男の神社合祀を巡る交錯」(『加能民俗研究』四九、二〇一八年)。

(23) 水野錬太郎と井上友一の神社観については、藤本頼生『神道と社会事業の近代史』(弘文堂、二〇〇九年)の第一部第一章から第三章にかけて、詳細な検討が行われている。

（24）明治末の神社合祀の根拠を、神社中心説、民心の統合に求める見方は、多くの先行研究にみられる。たとえば喜多村理子『神社合祀とムラ社会』（岩田書院、一九九九年）は、一部で高い評価を得ている著作であるが、一七―二〇頁の神社中心説を含む神社合祀の位置づけは、ほぼ森岡著書におけるそれを鸚鵡返しに反復したものであろう。なお、前掲注（9）の河村忠伸がいうように「一村一社」を目指したのが数県に留まるとすれば、内務省が「神社中心説」を全国に向けて発信し、府県がそれに諾々と従ったという見立てはなりたたなくなる。たとえば石川県では明治三九年の県告諭により一大字一社が目指されたので、明治二二年の町村制で新たに生まれた行政村における「神社中心説」も、その範囲での民心の統合も、同県においては問題にされなかったことになる。

（25）華園注（15）論文「明治期神社政策の一考察―島根県飯石郡掛合町を中心として―」。

（26）時枝務「神社整理と村落祭祀―伊勢崎市上之宮の場合―」（『伊勢崎市史研究』四、一九八六年）。

（27）櫻井治男『地域神社の宗教学』（弘文堂、二〇一〇年）、一八頁。

（28）柳田國男『神道と民俗学』（『定本柳田國男集』第一〇巻、筑摩書房、一九六二年）、三七六―三七七頁。

（29）同右三七八頁。

（30）同右三八四―三八五頁。

（31）同右三七八頁。

（32）柳田國男「塚と森の話」（『定本柳田國男集』第一二巻、筑摩書房、一九六三年）、四五九―四六六頁。神社合祀を批判している箇所。

（33）柳田國男『氏神と氏子』（『定本柳田國男集』第一一巻、筑摩書房、一九六三年）、四五八頁。水野博士云々は、四五五頁に出る文言。

(34) 由谷裕哉「柳田國男『神道と民俗学』における神社祭祀論の再検討」(『民俗学論叢』三三、二〇一八年)。
(35) 北浦康隆「神社整理問題の射程―埼玉県北足立郡内間木村の事例を通して―」(『早稲田大学大学院文学研究科紀要・第四分冊』五四、二〇〇九年)、渡部圭一「北武蔵の集落神社と神社明細帳―神社整理とその帳簿管理を中心に―」(『埼玉民俗』三四、二〇〇九年)。
(36) 国文学研究資料館(編)『社寺明細帳の成立』(名著出版、二〇〇四年)、参照。
(37) 加賀市史編纂委員会(編)『加賀市史資料編』第一巻(加賀市役所、一九七五年)、三四九頁。
(38) 江沼郡役所(編)『石川県江沼郡誌』(同郡、一九二五年)、一五四頁。なお、地区別の記述では、第二四章「月津村の白山神社」の項目で、「村社住吉社を無格社白山神社に合祀し、村社白山神社と号す」と記される一方、日吉神社および澤山社については神社明細帳と同じ年月日に各々、「白山神社に移転し、境内末社となす」「今の地に移す」と記されている(同郡誌、六六八頁)。したがって、こちらの項目では神社明細帳をある程度踏襲し、本社への合祀と境内への移転とが分けられていることになる。
(39) 藤田大誠・青井哲人・畔上直樹・今泉宣子(編)『明治神宮以前・以後　近代神社をめぐる環境形成の構造転換』(鹿島出版会、二〇一五年)、四七三―五二二頁。
(40) 及川高『「宗教」と「無宗教」の近代南島史』(森話社、二〇一六年)。
(41) 森岡注(12)論文、および同「明治末期における集落神社の整理(2)―その全国的経緯―」(『社会科学論集〈東京教育大学文学部〉』一六、一九六九年)。
(42) 岸本昌良「「神社合祀」の実態　個別研究のためのパースペクティブ」(『史潮』九、一九八一年)。
(43) 森岡注(2)著書、一八〇―一八一頁。

明治初期におけるムラ氏神の成立過程
――熊本県阿蘇郡の神社整理――

柏木亨介

一　近代的神社空間形成過程へのまなざし

神社整理[1]に関するこれまでの研究は、明治三九年八月九日勅令第二二〇号「社寺合併並合併跡地譲与ニ関スル件」に端を発する明治末年から大正期にかけての神社整理政策に着目したものが多い。一連の研究を通して神社整理に関する地域社会の動向が明らかにされ、国民統制を図る国家権力の横暴とそれに対する地元住民の抵抗が近代批判の文脈のなかで指摘されてきた〔喜多村　一九九九、森岡　一九八七、米地　一九七七、など〕。しかし、神社整理の取り組みや達成度は府県によって大差があること、整理後も跡地で祭祀を継続していたり、合併自体を解消して元に戻したりする復祀の事例なども明らかにされ、神社整理の進捗状況は全国一律ではなかったことが指摘されている〔櫻井　一九九二、米地　一九七七、など〕。近代神社政策の全体像の理解を進めるうえで、特異なものも含め個々の事例の集積がいまだに求められている状況にある。

また、近代批判の文脈からこの研究が進められてきた経緯もあって、先行研究は明治末年以降の事例分析が多いものの、神社整理自体は明治初期から全国各地で行われており、その実態も明らかにされつつある〔櫻井　一九九四、藤

本　二〇〇三、など〕。この時期は近世から近代への移行期という点から関心が寄せられ、神社整理の過程で表出する近代神社行政上の神社概念が考察されているほか〔河村　二〇一七〕、廃仏毀釈によって民俗宗教の祭場が新たに神社に変容して地域社会に存続した事例の指摘など〔及川　二〇一一　七二〜九一、など〕、地域社会の生活形態と絡めて整理以前以後の状況を問うことは、神社整理の目的と効果に加え現今の氏神社の成立を知るうえでも欠くことのできない視点である。

以上のことから、神社整理研究の現状の課題は、政策の時代的・地域的展開の特質を踏まえたうえで、地域社会の事例分析を積み重ねることにある。そこで本稿ではその一端として、いまだ実態が判然としない明治初期の九州に着目し、地域社会固有の日常生活(2)においてどのように近代的神社空間が形成されてきたのかという点を問いたい。この問題について、「神祇の故国」とかつて表象された熊本県阿蘇郡(3)における神社整理の事例を分析し、当地の氏神社の成立過程を明らかにする。

二　明治初期の阿蘇郡のムラと神社の概況

1　行政村の沿革と民俗的ムラ—近世社会から近代社会へ—

先行研究において、明治末年以降の神社整理は、明治三九年四月二八日勅令第九六号における府県社以下神社への神饌幣帛料供進制度との関連が指摘されている〔森岡　一九八七〕。すなわち、府県社以下神社への神饌幣帛料の供進は地方費支出であり、内務省神社局と同省地方局との折衝を経て、財政上の理由から一村一社の整理を推進したという。この指摘を踏まえれば、神社整理を研究するにあたっては、神社と行政区画との関係性が重要な論点になる。そ

表1　阿蘇郡町村編制史

	明治２年以前（～1869）手永制	明治３年（1870）郷組制	明治５年（1872）大区小区制	明治12年（1879）郡区町村制	明治22年（1889）市制・町村制	昭和35年（1960）昭和の大合併
内牧手永	無田村	内牧郷 車帰組	第25大区 第４小区	無田村	永水村	阿蘇町
	車帰村			車帰村		
	赤水村			赤水村		
	永草村			永草村		
	乙姫村			乙姫村	黒川村	
	蔵原村	内牧郷 黒川組	第25大区 第５小区	蔵原村		
	黒川村			黒川村		
	東黒川村					
	西黒川村					
	南黒川村					
	北黒川村					
	坊中町					
	竹原村	内牧郷 竹原組	第25大区 第６小区	竹原村		
	西町村			西町村		
	分西町村					
	役犬原村			役犬原村		
	小野田村			小野田村	山田村	
	小野田新村					
	小野田新町村					
	綾野下原村					
	綾野村	内牧郷 山田組	第25大区 第７小区	小倉村		
	小池村			小池村		
	山田村			山田村		
	今町村			今町村		
	小倉村			小倉村		
	黒流町村	内牧郷 内牧組		黒流町村		
	内牧村		第25大区 第１小区	内牧村	内牧村	
	内牧町					
	成川村					
	小里村	内牧郷 湯浦組	第25大区 第２小区	小里村		
	湯浦村			湯浦村		
	西湯浦村			西湯浦村		
	小園村			西小園村		
	宮原村			南宮原村		
	宇土村	内牧郷 狩尾組	第25大区 第３小区	三久保村		
	折戸村					
	狩尾村			狩尾村	尾ヶ石村	
	跡ヶ瀬村			跡ヶ瀬村		
	的石村			的石村		
坂梨手永	東下原村	坂梨郷 中通組	第26大区 第３小区	中通村	中通村	一の宮町
	西下原村					
	中原村					
	井手村					
	宮地町	坂梨郷 宮地組	第26大区 第４小区	宮地村	宮地村	
	分西宮地村					
	東宮地村					
	西宮地村					

	北宮地村					
	四分一村					
	上野中村	坂梨郷 部田目組	第26大区 第２小区	三野村	古城村	
	下野中村					
	上三ヶ村					
	下三ヶ村					
	手野村			手野村		
	尾籠村					
	北坂梨村	坂梨郷 坂梨組	第26大区 第１小区	北坂梨村		
	坂梨町			坂梨村	坂梨村	
	馬場村					
	古閑村					
	新波野村			新波野村	波野村	波野村
久住手永	小園村	久住郷 小池野組	第32大区 第３小区	小園村		
	小池野村			小池野村		
	波野村	久住郷 赤仁田組	第32大区 第４小区	波野村		
	赤仁田村			赤仁田村		
	滝水村	久住郷 中江組	第32大区 第５小区	滝水村		
	中江村			中江村		
	産山村	久住郷 産山組	第33大区 第１小区	産山村	産山村	産山村
	山鹿村			山鹿村		
	田尻村			田尻村		
	大利村	久住郷 大利組	第33大区 第２小区	大利村		
	片俣村			片俣村		
北里手永	満願寺村	北里郷 市ノ原組	第31大区 第６小区	満願寺村	南小国村	南小国町
	赤馬場村		第31大区 第７小区	赤馬場村		
	中原村		第31大区 第８小区	中原村		
	黒渕村	北里郷 宮原組	第31大区 第９小区	黒渕村	北小国村	小国町
	宮原村		第31大区 第１小区	宮原村		
	宮原町			宮原町		
	上田村		第31大区 第５小区	上田村		
	下城村	北里郷 北里組	第31大区 第２小区	下城村		
	西里村		第31大区 第３小区	西里村		
	北里村		第31大区 第４小区	北里村		
	柳村	菅尾郷 小倉組	第30大区 第１小区	柳村	柏村	蘇陽町
	梶原村			伊勢村		
	旅草村					
	高畑村			高畑村		
	西竹原村			竹原村		
	東竹原村					
	小倉村			高辻村		
	早栖村					

菅尾手永	下山村			下山村		
	花寺村	菅尾郷 柏組	第30大区 第２小区	花上村	菅尾村	
	神動村					
	八矢村			八木村		
	神ノ木村					
	柏村			柏村	柏村	
	椛山村			橘村		
	橘崎村					
	二津留村		第30大区 第３小区	二津留村		
	丸小野村	菅尾郷 玉目組		二瀬本村		
	二瀬本村					
	大野原村					
	玉目村			玉目村		
	目細村			長谷村		
	稲生村					
	蔵木山村					
	上差尾村	菅尾郷 塩出迫組	第30大区 第４小区	上差尾村		
	大見口村			大見口村		
	塩出迫村			塩出迫村	菅尾村	
	大迫村			米迫村		
	米ノ山村					
	今村			今村		
	大久保村			菅尾村		
	菅尾村	菅尾郷 菅尾組	第30大区 第５小区			
	斗塩村			塩原村		
	黒原村					
	須刈村			滝上村	馬見原町	
	竿渡村					
	土戸村					
	大野村					
	馬見原町			馬見原町		
	柳井原村			柳井原村		
	長崎村			長崎村		
	片ヶ野村			片ヶ野村		
	神前村			神前村		
	白石村			白石村		
	仮屋村	菅尾郷 仮屋組	第30大区 第６小区	仮屋村	小峰村	清和村 （上益城郡）
	尾野尻村			尾野尻村		
	鎌野村			鎌野村		
	市ノ原村			市ノ原村		
	貫原村			貫原村		
	小領村			小峰村		
	猪尾村					
	栃原村					
	茗ヶ園村			米生村		
	馬場野村		第30大区 第７小区			
	上原村					
	木原谷村	菅尾郷 川口組		木原谷村		
	西ノ原村			須原村		
	高須村					
	梅木鶴村					

	川ノ口村			緑川村		
	栗林村					
	栗藤村					
	尾ヶ分村					
	小中竹村					
野尻手永	野尻村	野尻郷 野尻組	第29大区 第3小区	野尻村	野尻村	高森町
	蔵地村					
	向津留村					
	胡桃原村					
	津留村			津留村		
	上津留村					
	重井野村					
	永野村					
	味鳥村	野尻郷 河原組	第29大区 第4小区	河原村		
	黒岩村					
	仁田水村					
	市尾野村					
	河原村					
	牧戸村			尾下村		
	尾下村					
	草ヶ部村	野尻郷 草ヶ部組	第29大区 第2小区	草部村	草ヶ矢村	
	社倉村					
	小崎村					
	木郷村					
	大切畑村			下切村		
	所尾野村					
	下切村					
	小篠村					
	芹口村			芹口村		
	原口村					
	馬場村					
	菅山村			菅山村		
	水ノ迫村					
	水湛村					
	栃原村					
	下尾野村					
	大中野村			永野原村		
	永野原村					
	幸子村					
	岩神村					
	峰ノ宿村	野尻郷 矢津田組	第29大区 第1小区	中村		
	中村					
	祭場村					
	矢津田村			矢津田村		
	小村					
	高尾野村					
	上色見村	高森郷 色見組	第28大区 第1小区	上色見村	色見村	
	色見村			色見村		
	高森町	高森郷 高森組	第28大区 第2小区	高森町	高森町	
	高森村					
	村山村					

高森手永	市下村	高森郷 市下組	第28大区 第3小区	両併村	白水村	白水村
	竹崎村					
	白川村			白川村		
	松木村	高森郷 中村組	第28大区 第5小区	中松村		
	上中村					
	下中村					
	西中村		第28大区 第4小区			
	吉田村	高森郷 吉田組		吉田村		
	吉田新町					
	下市村			一関村		
	下積村					
	二子石村			久石村	久木野村	久木野村
布田手永	上久木野村	布田郷 久木野組	第27大区 第4小区			
	下久木野村			河陰村		
	久木野村					
	下田村	布田郷 下田組	第27大区 第5小区		長陽村	長陽村
	東下田村			河陽村		
	川後田村					
	喜多村	布田郷 長野組	第27大区 第6小区			
	宮寺村					
	長野村			長野村		
	宮山村	布田郷 布田組	第27大区 第1小区	宮山村	山西村	西原村
	日向村					
	小森村			小森村		
	小東村					
	布田村			布田村		
	鳥子村	布田郷 岩坂組	第27大区 第2小区	鳥子村		
	岩坂村			岩坂村	錦野村 （合志郡）	大津町 （菊池郡）
	錦野村	布田郷 錦野組	第27大区 第3小区	錦野村		
	外牧村			外牧村		

『熊本県市町村合併史』より筆者作成（熊本県総務部市町村局市町村行政課　2012　1277～1364）。

ここでまずは阿蘇郡の村落制度の沿革（表1）と明治初年の神社の状況を確認しておきたい。

近世、熊本藩では郡と村の間に数ヶ村から数十ヶ村を一単位とする手永という組織を置き、郡（郡代）―手永（惣庄屋）―村（庄屋）の支配体制を敷いていた。阿蘇郡には内牧・坂梨・北里・菅尾・野尻・高森・布田の七手永が置かれ[4]、明治二年（一八六九）時点の町村数は二二一であった〔熊本県総務部市町村局市町村行政課　二〇一二　三八～四三、一二七七～一三六四〕。また、手永や村といった行政機構とは別に五ヶ村組という近隣の村々の自治的連合体があって、治水・灌漑や入会地などの利害に関する寄合協議が開かれていた〔同　五二〕。新政府発足後、明治三年に郷組制が敷かれると、手永は郷

図１　阿蘇郡手永界および町村界（国土地理院発行1/200,000地勢図「熊本」（平成17年作成）「大分」（平成15年作成）「延岡」（平成14年作成）「八代」（平成16年作成）および熊本県総務部市町村局市町村行政課編『熊本県市町村合併史』をもとに筆者作成）
地図上の手永界は近世期、町村界は明治22年時点のもの。

に、五ヶ村組は組として編成し直され、組を介して村を支配する体制に変わった（同　八〇〜八九）。翌年明治四年の廃藩置県実施と関連して、この直前に制定された戸籍法（明治四年太政官布告第一七〇号）を受け翌五年に大区小区制が敷かれ、郷は大区に組は概ね小区に編制された。阿蘇郡内には第二十五〜三十三大区が置かれたが、この区画は人びとの生活圏と乖離していたため、その後も小区では合併や分離を繰り返した。そして、明治一一年に郡区町村編制法（明治一一年七月二二日太政官布告第一七号）が制定されると大区小区を廃して郡区町村が設置され、さらに明治二二年（一八八九）の市制・町村制（明治二一年四月二五日法律第一号）の施行によってかつての五ヶ村組（あるいは小区）かそれらをいくつか統合する規模で町村が編制された。こうして行政区画としての町村は、明治初年の二二一ヶ町村から明治一二年の一二三ヶ町村を経て、明治二二年の二六ヶ町村にまで整理された（表2、図1）。

表2　町村数の変遷

地域別（手永）	町村数*1			
	明治2	明治5	明治12	明治22
内牧	39	7	27	5
坂梨	21	4	7	4
久住	11	5	11	2
北里	10	9	10	2
菅尾	64	7	38	4
野尻	41	4	11	2
高森	17	5	*2 8	*2 3
布田	18	6	11	4
計	221	47	123	26

＊1　明治5年の数値は小区数。
＊2　高森手永二子石村は明治12年に布田手永上久木野村と合併して久石村となり、同22年には河陰村（久木野・下久木野）と合併して久木野村となった。本表では久石村と久木野村は布田手永の欄に入れた。

　このように阿蘇郡では明治初期に行政区画の度重なる変更があり、明治二二年に編制が一段落した後はこの状態が昭和の大合併まで七〇年近く続いた。本稿でおもに取り上げる神社整理は、ちょうど行政区画の編制期に当たる。先行研究ではあまり指摘されていないが、明治二二年の市制・町村制の施行は近代日本における本格的な地方行政制度の発足といわれ、神社整理研究もこの点に留意する必要がある。

　このときから町村は法人格を有し、条例と規則の制定権が付与され、公共事務と委任事務を処理するものとされたほか、公選名誉議員（等級選挙制）によって構成される町村会が町村に関する一切の事件および委任された事件を議決し、町村会の互選による町村長を執行機関とした。それ以前は、町村自らの意思に基づき行政事務を執行する地方自治の体制が整っていなかった。つまり、明治二二年の以前と以後とでは政策を実現する地方行政の仕組みが異なっていたのである。(5)

さて、阿蘇郡では近世の手永・五ヶ村組・村の枠組みが原型となって近代の行政区画が編制されてきたことにも注意したい。昭和と平成の大合併を経た現在でも近世村の範囲は概ね行政区として機能しており、行政上の戸別連絡事項は市役所や町村役場から区長を通して住民に伝えられる。住民はこの範囲をムラあるいはブラクと呼んで任意の生活互助組織を作っている。さらに、ムラ内にはクミあるいはリンポと呼ばれる小区域があり、冠婚葬祭などはこの単位で営まれることが一般的である〔柏木　二〇〇四　六七〜八三、二〇〇五　一〇三〜一二七、二〇〇八　二五〜五六〕。元来、行政用語の部落や隣保がムラやクミと同じ意味で民俗語彙となっていることからわかるように、近世以来の民俗的な社会組織は行政区画を構成する基本単位として機能してきたのであった。

神社はムラの鎮守あるいは同族の氏神を祀るという一般的理解に立つならば、神社整理研究は行政区画とムラ・イエとの関係性に注目しながら分析を進めていく必要があろう。

2　阿蘇郡の神社数

神社と地域社会との関係性を分析する際、神社神道の性格を鑑みれば地域の自然環境にも目配りしておきたい。阿蘇郡はカルデラ地形であり、中央火口丘（通称阿蘇山）の南北にカルデラ盆地と外輪山を抱える（前掲図1）。北側のカルデラ盆地は阿蘇谷（内牧・坂梨手永の範囲）、南側は南郷谷（高森・布田手永西部の範囲）と呼ばれ、それぞれ北外輪山

表３　「阿蘇郡神社明細帳」記載神社数（明治22年）

地域（手永）	登記神社数						配祀・境内社など				合計
	国幣中社	県社	郷社	村社	無格社	計	従来境内社＊1	合併＊2	廃社＊2	計	
内牧				20	67	87	8	21		29	116
坂梨	1	1		8	87	97	14	23		37	134
久住			1	12	60	73	8	93		101	174
北里			1	9	85	95	24	467		491	586
菅尾			1	6	92	99	13	127	1	141	240
野尻			1	5	67	73	11	149		160	233
高森			1	10	64	75	8	83	3	94	169
布田			2	12	64	78	8	67		75	153
計	1	1	7	82	586	677	94	1030	4	1128	1805

＊1　明治以前からの境内社。
＊2　明治２年以降同22年までに整理された神祠。

（北里・久住手永の範囲）と南外輪山（野尻・菅尾手永北部、布田手永東部の範囲）を控えている。例外として菅尾手永南部の馬見原村と小峰村は阿蘇カルデラの外側に位置している。[6] カルデラ盆地は水田が広がる一方、外輪山は原野あるいは山林に覆われており、阿蘇郡内でも自然環境によって人びとの生業と交易圏に差異がみられる。

さて、阿蘇郡の行政区画と地形を踏まえながら明治初期の神社の状況を概観する。明治一二年（一八七九）調製の「阿蘇郡神社明細帳」（熊本県私学振興課所蔵）に登記された神社は、町村制施行の明治二二年の時点で六七七社、社格別にみると、国幣中社一社、県社一社、郷社七社、村社八二社、無格社五八六社を数えた（表3）。地域別（旧手永別）にみると、内牧手永八七社、坂梨手永九七社、久住手永七三社、北里手永九五社、菅尾手永九九社、野尻手永七三社、高森手永七五社、布田手永七八社である。これらに加えて相殿や境内社なども数え上げると全部で一八〇五社の存在を確認できる。

国幣中社と県社は郡に一社、郷社は概ね大区小区制下（明治五年時点）の大区（旧手永の範囲）ごとに鎮座する。第二五大

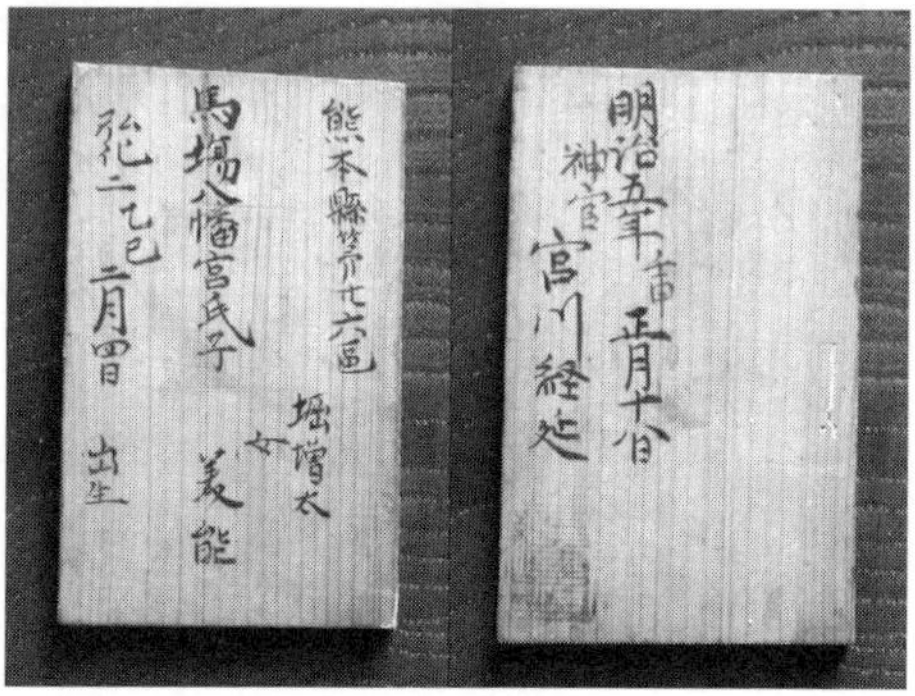

写真1　氏子守札（左：表面、右：裏面）（阿蘇市一の宮町尾籠のＳ家所蔵。筆者撮影）

区（旧内牧手永地域）[7]にも当初は郷社（内牧菅原神社、明治八年に村社に変更）があったから、各大区に郷社以上の社格をもつ神社が鎮座していたことになる。これらは明治四年の「郷社定則」（明治四年七月四日太政官布告第三二一号）に基づき戸籍区（大区）ごとに定めた神社とみられ、このとき政府では、本格的な戸籍編製開始前の暫定的措置として「大小神社氏子取調規則」（明治四年七月四日太政官布告第三二二号）を定めて、阿蘇郡でも氏子調を実施している（写真1）。

完全に一致しているわけではないが、村社は郡区町村制下（明治一二年時点）の一町村に一社という割合で鎮座し（前掲表2・表3参照）、旧菅尾手永と旧野尻手永地域では、大区小区制下（明治五年時点）の一小区に一社という割合で鎮座する。

無格社は各町村に数十社鎮座している。近世村数（表2の明治二年村数参照）との関係をみると一村あたり一～八社鎮座しているから、筆者の民俗調査で得られた知見から判断すると（柏木　二〇〇四　六七～八三、二〇一五　四七三～五二二）、無格社はムラ内の生活互助的組織であるクミ単位か同族単位で祀られていたと推察される。

このように阿蘇郡では、かつての手永・五ヶ村組・村（ムラ）・クミにそれぞれ郷社・村社・無格社が鎮座しており、地元住民は自身の生活圏内に重層的に鎮座するこれら神社の二重氏子・三重氏子となっていた。

登記神社の主祭神の特徴は、天神系祭神（菅原道真）が大半を占めていることと、阿蘇神社系祭神（健磐龍命ほか一一神）が主だった神社で祀られていることが指摘できる（表4）。阿蘇神社系は四五社鎮座し、国幣中社、県社、郷社七

表４　社格別の主祭神数

主祭神	登記神社						配祀・境内社など		合計
	国幣中社	県社	郷社	村社	無格社	小計	従来境内社	配祀など	
天神系（菅原道真）				23	300	323	15	226	564
阿蘇神社系（健磐龍命、国龍神等）	1	1	5	21	17	45	8	9	62
水神系（罔象女神、水分神等）				1	44	45	4	68	117
皇大神宮系（天照皇大神）			1	4	39	44	3	19	66
八幡系（応神天皇、品陀別命）				8	14	22	3	6	31
猿田彦系（猿田彦大神）					17	17	4	89	110
山神系（大山祇神）					15	15	2	157	174
稲荷系（宇賀魂神、豊受姫神等）					14	14	6	28	48
人臣・霊社系（加藤清正、平景清等）				2	10	12	5	16	33
妙見系（天御中主神、星神等）					10	10	1	15	26
日吉系（大山咋神）				3	7	10	0	2	12
熊野系（伊弉那伎神・伊弉那美神）				6	3	9	1	2	12
金刀比羅系（大物主神）					9	9	7	8	24
年神系（大年神）					7	7	4	34	45
龍神系（綿津海神）					7	7	2	5	14
厳島系(市杵島姫神)					6	6	1	10	17
祇園系（素盞嗚神）			1	1	3	5	4	21	30
秋葉・愛宕系（軻遇突智神、火産霊神）					4	4	5	19	28
彦山系（辛国息長大姫大目命）					2	2	0	18	20
荒神系（沖津彦神・沖津姫神）					1	1	1	171	173
その他				11	37	48	14	50	112
不明				2	20	22	4	61	87
計		1	7	82	586	677	94	1034	1805

社中五社で祀られ、名実ともに阿蘇地方を代表する祭神である。村社でも八二社中二一社で祀られ全体の二五・六％を占めるが、これは天神系とほぼ同程度（二三社、二八・〇％）である。

天神系は全体で最も多い三二三社が鎮座していて突出した数であるが、ほとんどは無格社で祀られている（三〇〇社）。以下、水神系（罔象女神など）四五社、皇大神宮系（天照皇大神）四四社、八幡系（応神天皇など）二二社、猿田彦系（猿田彦大神）一七社、山神系（大山祇神など）一五社、稲荷系（宇賀魂神など）一四社と続いていく。以上から、手永単位では阿蘇神社系、村単位では阿蘇神社系と天神系、クミ単位では天神系を中心に祀られていたことがわかる。

一方、この時期に整理された神社の祭神は登記神社と異なる分布をみせている。天神系二二六柱、荒神系一七一柱、山神系一五七柱、猿田彦系八九柱、水神系六八柱の順に多い。特に荒神系（沖津彦神・沖津姫神）は竈の神あるいは土地を護る神として、山神系は山の安全を護る神として、人びとの生活に身近な神で数も多かったが、小祠に祀られることが多いためか登記神社ではあまり見られず、ほとんどが配祀祭神になっている。また、地元の人びとは祭神を明細帳記載名称ではなく「天神さん」「山神さん」「水神さん」のように自然＋敬称で呼ぶことのほうが一般的で、もともとは自然神・機能神を崇めていたと思われる(8)。

三　明治一〇年代の神社整理

1　明治九年教部省達書第三七号に基づく神社整理

明治九年（一八七六）一二月二五日、教部省達書第三七号「山野路傍ノ神祠仏堂処分ノ件(9)」を受けて同一一〜一三年に郡内の神社が調査され、要件を満たすものは新たに調製した「阿蘇郡神社明細帳」に「神社」として登記され、それ以外の山野路傍の神祠は最寄りの神社への合併などにより整理された。この時期は行政区画が大区小区から郡区町村へと編制されていく最中であり、氏神社の成立過程を知るうえで重要な論点になる。

当初の整理が一段落した明治一六年の時点で、「阿蘇郡神社明細帳」には四六三社、社格別にみると国幣中社一社、県社一社、郷社七社、村社八二社、無格社三七二社が登記されていた（表5）。整理神祠の存在は明細帳の合併先神社の頁に記されていて、それらを数え上げると、近世以来の境内社九四社と、明治以降に合併した五一五社の計六〇九社が確認できる。そのうち明治初年の合併はわずか二例で[10]、残り五一三社が明治九年以降の合併である。このように阿蘇郡では第三七号達を受けて全体の五二・五％もの神祠が整理されたのであった。これら神祠の形態については明細帳に記載がないため不明であるが、次項で紹介するように無格社以下の規模か社殿のない祭場であったと考えられる。

先述のとおり、村社は郡区町村制下の一町村に一社の割合で配置されているから、この時期の神社整理は町村編制と軌を一にしている。例外として、旧菅尾手永と旧野尻手永地域は大区小区制の小区に基づいて村社が配置されているが、この理由については両地域が山地（南外輪山）に立地するという地理的特徴に求めることができる。反対側の北外輪山に位置する旧北里手永地域においても郡区町村制下の一町村に一村社の割合であるとはいえ、当地域は大区小区制の小区がその

表５　「阿蘇郡神社明細帳」記載神社数（明治16・22年）

種別		明治16年	明治22年＊
登記神社	国幣中社	1	1
	県社	1	1
	郷社	7	7
	村社	82	82
	無格社	372	586
境内社・相殿など	従来境内社	94	94
	明治２年以降の整理数	515	1034
計		1072	1805

＊明治17～18年の再調査で733社が新たに発見される。内訳の詳細は表３参照のこと。

まま郡区町村制の町村になっているため(表1参照)、当地域も一小区に一村社の配置であると指摘できる。

したがって、カルデラ盆地では郡区町村制下の一町村に一村社、外輪山地域では大区小区制下の一小区に一村社で整理される傾向にあったとまとめられる。両地域の地勢の違いによって集落景観や社会構造も異なり、特に南外輪山地域ではカルデラ盆地に比べて五ヶ村組の社会的紐帯の役割が大きかったと考えられる。数多くの神社があるなかで、町村や小区単位で祀っていたものを村社とし、それより小規模で祀っていたものを無格社に列するか合併させたかと考えられる。

さて、各手永の近世村数は一〇〜六四ヶ村であるが、登記神社数は七三〜九九社で村数ほどの偏差はみられない。この理由としては地域内の神職数との関係が考えられる。「阿蘇郡神社明細帳」によると当時の受持神職は一九人を数え、内訳は内牧手永四人、坂梨手永一人、久住手永二人、北里手永一人、菅尾手永三人、野尻手永二人、高森手永三人、布田手永二人、その他に上益城郡菅村阿蘇神社の神職が小峰村(旧菅尾手永)の神社を担当していた。つまり各手永地域には神職が一〜四人いて一人当たり二〇〜四〇社の神社祭祀に与っており、この数が彼らの担当可能な神社数であったと考えられる(11)。

次に、このときの登記神社の規模をまとめてみよう。村社八二社の境内は三五〜一六四五坪、氏子数は一六〜五六七人であり、これを中央値から標準的な村社の姿を求めると、境内二六六坪、氏子数九五人程度の規模であった。無格社三七二社の境内は二〜八三三坪、氏子数は二〜三二〇人であり、同様に標準的な無格社の姿を求めると、境内四四坪、氏子数二〇人程度の規模であった。由緒を伝える神社は村社で八二社中三五社(四二・七%)、無格社で三七二社中五八社(一五・六%)みられるにすぎず、大半は由緒不詳で創建年代がわからないものである。

2　再発見された山野路傍の神祠

明治一一～一三年（一八七八～八〇）にかけて「阿蘇郡神社明細帳」の調製にともない神社の調査が行われたが、この短期間に全ての神社や神祠を把握することができずに調べ漏れしていたものがあった。このことは「阿蘇郡調洩社堂最寄社堂合併調」という簿冊の存在によって判明する（国立国会図書館所蔵「社寺取調類纂」第二一冊に所収）。これは先の第三七号達に基づく調査では遺漏し、明治一七～一八年の実査によって新たに判明した神々の一覧である。二六行の官用界紙（罫紙）に同一の筆跡で町村別に書き上げられ、版心下部に「熊本縣」と印字されていることから、熊本県庁で編冊されたことが窺える（柏木　二〇一五　四七三～五二二）。

この資料には四三六社が記載されているが後欠しており、欠損分は「阿蘇郡神社明細帳」の朱字の追記から二九七社を確認できる。(12) つまりこの時期に七三三社が新たに発見されたことが判明する。そのうち二二〇社が無格社として登記され、五一三社が最寄りの神社に合併された(13)。「阿蘇郡調洩社堂最寄社堂合併調」はおもに無格社に登記されなかった神々が記載されている。

新たに発見された神々のうち三九六ヶ所が社殿のない祭場であり、全体の五四・〇％を占めている。そのうち三五一ヶ所（四七・九％）が樹木・石・水源などに祀られる「天神森」「荒神森」「水神森」という祭場で、山野路傍の神々すなわち民俗学でいうところの森

表６　明治17～18年に発見された神々の形態

形態	発見数		
	計	無格社として登記	最寄り神社へ合併
社殿	229	212	17
祠	31	8	23
樹木	317		317
石	29		29
水源	5		5
神体ナシ	45		45
不明	77		77
計	733	220	513

本表は「阿蘇郡調洩社堂最寄社堂合併調」に後欠分（「阿蘇郡神社明細帳」記載）の情報を加えたものである（拙稿「山野路傍の神々の行方」の表２［柏木 2015：522］に後欠分を追加した）。

写真２　五郎神社（2000年９月９日　筆者撮影）

写真３　山神社
（2002年９月７日　筆者撮影）

神であった（表６）。森神はその形態から当初の調査では見過ごされてしまったとみられ、発見後はその全てが最寄りの神社に合併された。一方、社殿を備える二二九社中二一二社（九二・六％）、祠を備える三一社中八社（二五・八％）の計二二〇社が無格社として登記された。

このとき登記された神社の具体例を二つ紹介する。

内牧村湯浦（旧内牧手永湯浦村）の五郎神社は鎌倉権五郎景政を祭神とする六尺三寸四方の社で、氏子数五戸、祭日は「陰暦十一月十七日相当之日」（『阿蘇郡神社明細帳』八六五頁）で、明治一七年の調査でその存在が確認され同二〇年に無格社に登記された。境内は個人（氏子）の屋敷地と隔てなく接していて邸内社（屋敷神）の様相を呈し、現在の社殿も一間四方ほどで昭和二四年（一九四九）頃に隣家の氏子が再建したものである（写真２）。神社の管理と祭りは近隣の二戸（平成以前は四戸）で行い、一二月二四日に神職を呼んで大祓いを催行しているという(14)。同族の氏神社のような祀り方であるが、同社は目の神様と信じられ公衆の参拝があり、平成一〇年（一九九八）頃でも年一〇人ほどの参拝者がみられた。また同社は氏子の屋敷地に鎮座しているようにみえるが、境内自体は官有地になっていた。

ちなみに明細帳調製当初、民有地鎮座の神社は一二四社登記されていたが、うち九三社が明治一九年に官有地に地種変更されている。これは、官有地は地租地方税が賦課されないという実利的理由からの変更であろう[15]。五郎神社も登記の段階で同様の理由から官有地にしたと考えられる。明治一六年時点で明細帳に登記されていたものの、その後町村制が始まる明治二二年までの七年間に最寄りの神社に合併されたものは一〇社にのぼるが、これらは民有地に鎮座する無格社で、そのうち四社が個人敷地内で祀られ、「衆庶参拝セシムヘキモノモ無之」状態のため「其筋稟議ノ上削除」したのであった（「阿蘇郡神社明細帳」四八九、五七三、五八三、五八七頁）。

次の一例を挙げる。同じく内牧村湯浦の山神社は山道沿いに祀られていた石祠で、境内三坪、氏子数一六戸という小規模のものであったが、無格社として登記された。同社はクミの者が山道を通るたびに拝む山の神と呼ぶ小祠で、小高い丘に鎮座しており公衆の参拝が可能であるが、祭日とされる一月一六日に神事を行うわけではない。昭和末年には祠を山から下して集落付近で祀るようにした（写真3）。形状としては整理対象となる山野路傍の神祠のようにみえる。同じような石祠の山の神は外輪山麓のムラ内のクミ規模で祀られているが、そのほとんどは登記されていないので、本事例は稀有な例といえる。

以上の二例は外見上は対照的な形態であるが、どちらも登記されている。このことから、登記の是非は一定の基準に基づいて為政者側が一方的に決めるのではなく、氏子側の要望も考慮されていたのではないかとみられる。

3　整理された神祠

明治二二年（一八八九）までに整理された神祠は全部で一〇三四社、うち廃社が四社で、残り一〇三〇社が近隣の二八六社に合併された（前掲表3）。旧北里手永地域の合併神祠数が四六七社と突出している理由は、先に紹介した森神が多数合併されたからである。森神は外輪山に多く祀られていたので、同様の地形に位置する旧久住・菅尾・野尻手永地域の整理数も多い。

整理された一〇三四社の境内は一～七八〇坪、中央値は一二坪である。そのうち社殿を備えるものは全体のわずか三・八％の三九社、小祠も同じく三・九％の四〇社にすぎない。社殿も祠もなく自然物を祀る形態が四一四ヶ所、その他不明のものが五四一ヶ所で、合わせて全体の九二・四％にも及んでいる。これらは社殿と一定規模の境内を備えた、今日われわれが目にする神社とは言い難い形態のものであった。

写真4　山神社の合併先の大将軍神社（2008年8月7日　筆者撮影）

整理された神々の合併先での祀られ方を挙げてみよう。内牧村西湯浦（旧内牧手永西湯浦村）の村社西湯浦八幡宮境内に山の神二柱と天神一柱を合祀した大将軍神社がある（写真4）。この山の神は明治二二年二月二七日に山林（字扇山一三五七番、字大利一一八六）から移転のうえ合併されたものである。現在、西湯浦八幡宮の祭礼当番（宮番）にあたったクミが一一月一六日にここで山の神の祭りをすることになっている。西湯浦（ムラ）にはクミが四組あって年番で祭礼当番を回していくかたちになっており、建前上、山の神はムラで祀る神様になっているが、実際の祭りはクミ単位で行っている。

合併祭神は山の神など機能神が多く、境内に祀られこそするものの神職不在で簡素な祭りが行われ、ムラの鎮守や氏神とは異なる祀られ方をしている。

四　明治末年以降の神社整理

1　合併と廃社

阿蘇郡では明治二三年（一八九〇）以降しばらくのあいだ神社整理を行っていない。再び整理し始めるのは同三七年からで、これ以降昭和二〇年（一九四五）までの整理数は八〇社、内訳は合併が六六社、廃社が一四社、すべて無格社である（表7）。六六社は最寄りの三六社（郷社一、村社二四、無格社一一）に合併され、郡区町村制下（明治一二年時点）の町村の範囲を超えての移転合併はない。

年代別にみると、明治三七年に一社、同四〇年代に一七社、大正時代に三六社、昭和一桁年代に八社、同一〇年代に四社が合併されている（表8）。明治・大正期の合併が五四社で大半を占めるが、その期間に各年数件ずつの整理が実施されていた。

地域別にみると旧北里手永地域の整理数は〇件であることが目を引く。同地域は明治初期に最も整理を実施したところであって（四六七件、前掲表3）、このときに必要な整理を済ませたので、明治末年以降に整理を実施する機会が生じなかったと考えられる。

整理対象神社の境内は三～四一三坪で氏子数は二～三二〇人、中央値は境内四一・五坪で氏子数二六人である。無格社としては平均的な規模である。先行研究によれば、当時の神社整理の目的は氏子組織の再編を通した国民統制あ

表7　明治末年以降旧手永別神社整理数

地域別（手永）	整理数			神社数		合併率（%）
	合併	廃社	新規登記	明治22	昭和20	
内牧	8	3		87	76	12.6
坂梨	3	0		97	94	3.1
久住	8	6		73	59	19.2
北里	0	0		95	95	0.0
菅尾	7	3	2*	99	91	8.1
野尻	8	2		73	63	13.7
高森	16	0		75	59	21.3
布田	16	0	1	78	63	19.2
計	66	14	3	677	600	11.4

＊小峰村の木原谷神社と米生神社。近隣の２～３社を移転のうえ合祀し新規神社として登記した。同村は地理的に上益城郡に近く、受持神職も同郡の者が務める傾向にあった。

表8　明治末年以降の年別神社整理数

	合併	廃社	新規
明治37	1		
明治38			
明治39			
明治40	4		
明治41	5		
明治42	7		
明治43	1		
明治44			
大正元			
大正２	3		
大正３	3	1	
大正４	1		
大正５			
大正６	10		
大正７			
大正８			
大正９	5		
大正10	2		
大正11	2		
大正12	3		
大正13	2		
大正14	3		
大正15	2		1
昭和２			
昭和３	2		
昭和４	2		
昭和５			
昭和６	3		2
昭和７			
昭和８	1		
昭和９			
昭和10	1	3	
昭和11		9	
昭和12			
昭和13			
昭和14			
昭和15		1	
昭和16	1		
昭和17	1		
昭和18	1		
昭和19			
昭和20			
計	66	14	3

るいは神饌幣帛料供進神社の調整ということだが、例えば色見村上色見（旧高森手永上色見村）の無格社上大村塩井神社の氏子数は最多の三二〇戸で、彼らは合併先の村社上色見熊野坐神社の氏子でもあったから合併は氏子組織の改編にはあたらず、また村社以上の神社（神饌幣帛料供進対象の神社）の整理はみられなかったので、神饌幣帛料問題からの実施でもなかった。

もちろん、氏子組織を統合した例も若干数みられる。大正一五年（一九二六）、小峰村木原谷（旧菅尾手永木原谷村）の無格社山宮神社と同菅原神社が合併のうえ移転し、無格社木原谷神社として新規登記され、同様に昭和六年（一九三一）には同村米生の無格社八幡神社、同天神社、同菅原神社が合併のうえ移転し、無格社米生神社として新規登記されている。とはいえ、旧町村の範囲内での整理であり、クミで祀る神社をムラで祀る神社へと統合したにすぎなかった。

ここで当時の整理神社の一例を挙げる。内牧村西小園（旧内牧手永小園村）には「七池七天神」といって、かつて天神が七ヶ所祀られていたという伝承があり、「阿蘇郡神社明細帳」記載の六社（菅原神社五社、天神配祀の龍神社一社）と個人宅で祀られている一ヶ所を確認できる。これらは同族を中心とする氏子二～八戸で祀る氏神で、祭日にオコモリという夜通し饗応する祭りを行っている。明治二二年に菅原神社一社が同じムラ内の村社小園神社（地元では小園八幡宮と呼称）に合併され、五社が無格社として登記されたのだが、その後、昭和一〇年と同一六年に一社ずつ計二社が村社に合併された(16)。戦後まで残った天神二社も昭和五〇年頃には西小園神社（地元でオイセサンと呼ばれる明細帳未記載の神社）に合併されたから、同族で祀る天神は時代を経てムラの鎮守社に遷されてきたのであった。

廃社は昭和一〇年と一一年に集中している（三件と九件）。廃社に至った経緯は、内牧町内牧の鏑神社が「私祭神祠」ということで登記から外されている以外は（「阿蘇郡神社明細帳」八四六頁）、「社殿焼失後再建セズ、何等崇敬ノ対照物ナキ理由ニ基キ大正二年四月内務省令第六号第四十条ニ依リ」明細帳から削除したという理由などであった（小国町宮原（旧北里手永宮原村）の無格社東福坂山大神宮、同六一一頁）。また、産山村赤仁田（旧久住手永赤仁田村）の猿田彦神社は昭和一一年に社殿喪失のため明細帳から削除されたが、実際には社殿が存在していたため翌年に削除取り消しとなっている（同七三三頁）。このことから、廃社対象は社殿を備えず祭祀も途絶えた状態のものであったことがわかる。

新規登記の例としては、菊池郡錦野村岩坂（旧布田手永岩坂村）の新所菅原神社が挙げられる。これは近世から鎮座していたものの調べ漏れのため未登記だったことが大正一三年一月に発覚し、昭和六年三月に無格社として登記され

表9　戦後法人神社数

地域		登記神社数		飛地境内社	境内社	合併率*（%）	神職数
手永	町村	昭和20年末	昭和50年初				
内牧	阿蘇町	76	52	11	2	17.5	1
坂梨	一の宮町	94	35	29	10	45.3	5
久住	産山村・波野村	59	35	21	4	37.5	3
北里	小国町・南小国町	95	57	36	4	38.7	1
菅尾	蘇陽町・清和村	91	7	63	0	90.0	3
野尻	高森町東部	63	7	41	0	85.4	2
高森	高森町西部・白水村	59	17	15	14	46.9	2
布田	久木野村・長陽村・西原村	63	19	17	1	47.2	3
合計		600	229	233	35	50.4	20

＊合併率＝飛地境内社÷（昭和50年登記神社数＋飛地境内社）×100。
「阿蘇郡神社明細帳」には記載されているものの『熊本県神社誌』には見当たらない138社は、戦後に法人化しなかったか廃社にしたか、あるいは『熊本県神社誌』が記載漏れしたかのいずれかの可能性がある。

たものである。(17) 同社は境内一四四坪、氏子数三一人で本殿と拝殿を備え、無格社としては平均よりもやや規模の大きな神社である。このような例や、先に紹介した木原谷神社や米生神社のように移転合併を経て新規登記した神社を除けば、阿蘇郡では祭神を勧請して新たに神社を創建した例は見当たらない。

2　戦後の宗教法人化にともなう整理

阿蘇郡では従来の研究で指摘されてきたように、町村制（明治二二年〔一八八九〕時点）における一町村一社というかたちで神社が整理されてきたわけではなかった。郡区町村制下の町村や大区小区制下の小区に一村社という関係は認められるが、町村内には多くの無格社が鎮座していた。つまり、一般的傾向として、一大区一郷社、一旧町村一村社、一クミ一無格社という関係が認められる。このかたちが大きく崩れるのは戦後まもなくのことである。周知のとおり、昭和二〇年（一九四五）のいわゆる神道指令(18)を受けて、ほぼ全ての神社は翌二一年二月三日に設立された宗教法人神社本庁と被包括関係の宗教法人となった。

『熊本県神社誌』には戦後三〇年を経た昭和五〇年の宗教法人数が記載されている〔上米良　一九八一　一六六〜一九五〕。これによれば、戦後、阿蘇郡の旧府県社以下の神社、とりわけ旧無格社は近隣の神社の飛地境内社として登記されるものが多かったことが確認できる（表9）。合併率は地域によって差がみられ、旧菅尾手永・旧野尻手永地域では法人登記が各々七社にすぎず、九〇％前後の神社がこの七社の飛地境内社となっている。飛地境内社ということは祭神と社殿の移転がともなわないので、氏子からみれば祭祀は従来どおり続けていることになる。また、神職数は戦前とほとんど変わらない。法人代表者の宮司からすれば、兼務社を本務社の飛地境内社にして法人格を一社にまとめたということになる。

このことから、戦後の整理は神社の維持管理費や氏子数の減少といった社会的経済的問題というよりも、法人格を有することによる実務上の煩雑さ（理事変更の届出など）を回避するための事務的措置であったと考えられる。したがって、物理的に祭神を遷すわけでも祭祀がなくなるわけでもないので、氏子のあいだには神社が整理されたという認識は希薄であり、登記上の扱いに関心を示すこともなかったようである。そして、このときでさえも明治二二年の町村制下の一町村に一社というかたちにはなっておらず、あくまでも人びとの生活に根差したムラとクミの範囲内で今日に至るまで祭祀が行われてきたのであった。

五　明治初期の神社整理の効果──ムラ氏神の成立──

阿蘇郡では明治九年（一八七六）の教部省達書第三七号を受けて、同一一〜一三年にかけて神社整理が実施された。

その際、由緒が伝承されている阿蘇神社系祭神を祀る神社は郷社か村社に列され、郷社は大区小区制下の大区に一社、村社はカルデラ盆地では郡区町村制下の一町村に一社、外輪山地域では大区小区制下の小区に一社に近い状態で整理された。無格社はムラ内の生活互助組織であるクミか同族単位で天神を中心に祀られていたようである。このようにして氏子は生活圏内に重層的に鎮座する神社の二重氏子・三重氏子となっていた。明治二二年に町村編制が一段落し二六町村に減少したにもかかわらず、その後大規模な整理は実施されなかったので、行政区画と村社との対応関係は崩れることになった。このことから、阿蘇郡の行政区画が近世以来の区画を基礎として編制されたのと同様に、神社整理も民俗的なムラやクミを基本単位として整理されてきたことがわかる。

また、実務上の理由から神職が実際に担当できる規模に整理することが目指されたと考えられる。阿蘇郡では明治末年以降の神社整理は八〇社(合併六六社、廃社一四社)で、明治初期のそれと比べると一〇分の一以下の整理数にすぎず、クミや同族で祀られる無格社が整理されこそすれ村社は整理されなかったから、先行研究で指摘されてきたような国民統合を図る目的からでも財政上の理由(神饌幣帛料供進問題)からでも整理が実施されることはなかった。

そして、阿蘇郡の神社整理で注目すべきは、明治一七〜一八年の再調査によって調べ漏れの七三三ヶ所もの祭場が発見されたことである。このとき二二〇社が無格社として登記されたが、残りの多くは社殿のない木・石・水源を祀る森と称する神々であって、こうした森神は同村内の最寄りの神社に合併された。こうして明治初期の阿蘇郡では一七一一社(境内社を含めると一八〇五社)中一〇三四社の合併が実施され、これは実に全体の六〇・四%にも及ぶ。とりわけ旧北里手永地域では四六七ヶ所が合併されて他所と比べて群を抜いている。それに続くのは旧野尻手永地域一四九ヶ所、旧菅尾手永地域一二七ヶ所であり、三地域ともに外輪山に位置して多くの森神が祀られていたところである。阿蘇郡は地勢上の理由から祀られる神々の性格と数に多様性があり、それが数値に表われている。森神は人びとの暮らしに身近な自然を祀る機能神であり、日を定めて祭りを行うというよりも日常生活の折々に手を合わせて祀る程度の神である。森神以外に目を向けると、合併された小社は数戸程度の同族で祀る氏神社であることが多く、定期的に同族で祭りを行っていた。

このようにしてみると、神社整理によって存続した神社（登記神社）には神職が祭祀を執り行うから、従来氏子の手で管理し祭りを行ってきたところにも神職が関与してくるという図式になる。氏子の感覚では従来の個人的な小祠へのお参りの機会が減り、一定の祭式のもと、一定の時期に鎮守社で行う祭祀がそうした信心に応える数少ない場となる。ムラ内にいくつか存在した同族の氏神や自然神がムラの鎮守社に遷され、氏子の生活全般を護る今日のムラ氏神の神社空間が成立したのであった。

註

（1）先行研究および当時の資料には「神社整理」「神社合併」「神社合祀」といった用語が使われているが、本稿では河村忠伸の定義を参考に、次のとおりに用いることにする（河村　二〇一七　八七）。
神社整理　行政が一定の意図をもって合併を主導・促進する政策
神社合併　神社の法人としての合併
神社合祀　合祀祭

（2）本研究の視点を現代民俗学の術語で表現すれば「ヴァナキュラー」となる。これについては（島村　二〇一八　一四～三〇）などを参照。

（3）当時の郷土としての阿蘇地方の表象については拙稿（柏木　二〇一〇　六〇～八一）参照のこと。

（4）元文年間（一七三六～一七四二）に下城手永が北里手永に編入されるまで、阿蘇郡には八手永が置かれていた。また、布田手永は延宝年間（一六七三～一六八一）頃まで鳥子手永と称した。豊後国直入郡に置かれた久住手永は、慶安四年（一六五一）に阿蘇郡波野地方の九ヶ村を編入したので肥後国と豊後国の両国に跨るかたちとなり、阿蘇郡には久住手永に属する村々も存在した〔熊本県総務部市町村局市町村行政課　二〇一二　三八～四三〕。

（5）なお、補足すれば、近世村落から近代の町村に編制されるまでの約二〇年間、旧藩以来の地域独自性などの理由から「地方行政は中央政府の一片の法令で処理しえない複雑性をもち」「地方で作られた既成事実を政府が追認」して制度が作られてきたため〔大島　一九七七　三九〕、統治形態は全国一律の状態だったわけではない。井戸庄三の研究によれば、各県の大区小区制の編制方法には三類型が認められ、熊本県では大区と小区に役人を置かず旧来の郷と組が機能する自治の論理が貫徹した滋賀・静岡県型に相当するという。井戸の分類基準や分析には曖昧さが残るものの、行政区画の編制が全国一律に進んだわけではなかったことを指摘した点は重要である。全国的な傾向として小区としての社会的紐帯は明治二二年の市制・町村制施行で崩れるようだが、その理由について井戸は「十数年の年月が経過して地域の実情が大きく変化した」点に求めている〔井戸　一九八三　二三二〕。

阿蘇郡においても小区と明治二二年成立の町村の範囲にズレが見られ、これを筆者が旧内牧・旧坂梨両手永地域で実施した民俗調査の知見から判断すれば、当時は山林原野の官民有区分が実施されるにともなって、数ヶ村利用の入会原野の慣行が動揺し村入会へと移行する過程であったから〔川島　一九五八、熊本大学教育学部日本史研究室　一九九九〕、行政区画の再編には原野利用という生活実態に応じた経済合理的観点も含まれていたと考えられる。

（6）そのうち小峰村地域は、交易上の理由から上益城郡への編入願を明治一一年（一八七八）に提出しており、昭和二三年（一九四八）になって念願が叶った〔熊本県総務部市町村局市町村行政課　二〇一二　一八〇～一八一〕。

（7）　旧内牧手永地域は郡役所が置かれる郡の中心地であり、東隣の旧坂梨手永地域とはカルデラ盆地で地形上連続し、両者は上手永・下手永とも呼ばれるほど人びとの意識の上でも交易の上でも一体化している地域である。坂梨手永には式内社の阿蘇神社（国幣中社、大正三年官幣大社に昇格）と摂社の国造神社（県社）が鎮座しており、中世以来、阿蘇神社祭祀は阿蘇谷を舞台に展開していたから、内牧手永の住民は坂梨手永の両社に参拝する機会も多く、そうした点から両地域は同じ祭祀圏・氏子圏とみて差し支えない。

（8）　とはいえ、天神社には束帯姿の古い木像が神体として安置されて菅原道真が具象化され、幕末に建立された山神の石碑には「大山祇神」と彫られている例なども散見されるので、祭神名称の知識自体は幕末頃にはムラ内に伝わっていたらしい。明治初期に合祀された天神の神像については、熊本大学教育学部日本史研究室の調査報告書に写真が掲載されているので参照されたい（熊本大学教育学部日本史研究室　二〇〇一　七四～八六）。ただし、同報告書では神功皇后や大山祇神と思われる神像も「天神」と表記しているので同定作業には注意を要する。

（9）　山野路傍の神祠仏堂処分の件（明治九年一一月一五日教部省達書第三七号）「各管内山野或ハ路傍等ニ散在セル神祠仏堂（祠ハ山神祠塞神祠ノ類　堂ハ地蔵堂辻堂ノ類）矮陋ニシテ一般社寺ニ比シ難ク、且平素監守者無之向ハ、総テ最寄社寺ヘ合併又ハ移転可為致、尤人民信仰ヲ以更ニ受持ノ神官僧侶相定メ、永続方法ヲモ相立存置ノ儀願出候ハヽ、管轄庁ニ於テ聞届、孰レモ処分済ノ後別紙雛形ニ照準シ、一同取纏メ可届出、此旨相達候事、但、神社寺院明細帳ニ記載ノモノハ伺之上処分スヘシ」

（10）　一つは阿蘇山上に鎮座していた打越神社で、社殿破損のため明治四年九月に内牧村の郷社内牧菅原神社（明治八年一二月村社に変更）に移転している。もう一例は内牧菅原神社社僧満年寺に鎮座していた大物主神で、維新の際に廃寺となり本社に合併された。

（11）　「阿蘇郡神社明細帳」には、坂梨手永の「受持神官」は一人しか名前が見当たらないが、当地域は国幣中社阿蘇神社が鎮座し、実際には同社の神職も分担して地域の祭祀に関与していたと考えられる。旧北里手永地域も社数と神職数との比率から考えれば、同様だったと思われる。

(12) 例えば「阿蘇郡神社明細帳」九五八頁の無格社年神社(小峰村小峰)の記述「明治九年教部省第三十七号御達ニ基キ取調ニ際シ人民調達洩ナル事仝十七年実査ニ当リ発顕仝十八年十二月其筋稟議ノ上仝廿年七月従来ノ侭存置ヲ許可ス」、同五三八頁の無格社菅原神社(同村同所)に合併した荒神森三社の記述「合併ノ三社ハ同十八年実査ニヨリ明細帳漏ナル事発顕其筋稟議ノ上仝廿年七月本社合併」など。

(13) 以前、筆者が報告した数値は、総発見数七二三社、無格社登記二一九社、合併五〇四社であったが(柏木 二〇一五 四七七)、その後「阿蘇郡神社明細帳」の記載から新たに一〇件を確認したので本稿では訂正した数値を掲載した。

(14) 平成一二年(二〇〇〇)九月九日、五郎神社宮総代N氏に対する筆者聞き書きより。

(15) 民有社地(無格社)には地租地方税が課されていた。後に町村制第九八条により地租のみの賦課となった。

(16) 昭和一五年には七天神中のうち無格社一社が「崇敬ノ対象物ナキ」理由で登記上は廃社となっているが、実際には神体があって近隣の氏子で祭祀を継続していたらしく、昭和五〇年頃に西小園神社に遷されたという。同神体は前掲註(8)に紹介した報告書に写真が掲載されている。

(17) 「肥後国熊本藩主細川公ノ家老長岡助衛門(子爵米田虎雄祖先)其ノ地方在住ノ家臣草野両平等、其他武運長久並ニ村内安寧五穀成熟ノ祈願所トシテ建立、元禄五乙亥年十月十九日熊本県上益城郡津森村津森神宮社司四十六代ノ孫甲斐丹波守宗實勧請シ、藩政時代其ノ子孫代々奉仕シ来レリ、大正十三年一月明細帳脱漏ノ事実発顕ニ付其ノ筋ニ対シ編入願出、昭和六年三月二十七日熊本県知事ヨリ神社明細帳編入ノ許可ヲ受ク」(「阿蘇郡神社明細帳」九六一頁)

(18) 昭和二十年十二月十五日連合国軍最高司令官総司令部参謀副官発第三号日本政府ニ対スル覚書「国家神道、神社神道

ニ対スル政府ノ保証、支援、保全、監督並ニ弘布ノ廃止ニ関スル件」

参考文献

井戸　庄三　一九八三「明治初期の大区小区制の地域性について」『歴史地理学』一二三
及川　高　二〇一一「奄美・喜界島における「神々の明治維新」―神社神道とノロの宗教」『日本民俗学』二六五号
大島美津子　一九七七『明治のむら』教育社
柏木　亨介　二〇〇四「祭祀空間の再構成―祭祀の場所の移動を通して―」『日本民俗学』二三七
柏木　亨介　二〇〇五「水資源をめぐるムラの経験と規範」『国立歴史民俗博物館研究報告』一二三
柏木　亨介　二〇〇八「寄合における総意形成の仕組み―個人的思考から社会集団的発想への展開―」『日本民俗学』二五四
柏木　亨介　二〇一〇「阿蘇という時空間の設定―神話から郷土誌へ―」由谷裕哉・時枝務編著『郷土史と近代日本』角川学芸出版
柏木　亨介　二〇一五「山野路傍の神々の行方―『阿蘇郡調洩社堂最寄社堂合併調』覧解題―」藤田大誠・青井哲人・畔上直樹・今泉宜子編『明治神宮以前・以後―近代神社をめぐる環境形成の構造転換―』鹿島出版会
上米良利晴　一九八一『熊本県神社誌』青潮社
川島　武宣　一九五八『村々入会の解体過程―熊本県阿蘇郡阿蘇町内牧―』東京大学法学部川島研究室
河村　忠伸　二〇一七『近現代神道の法制的研究』弘文堂
喜多村理子　一九九九『神社合祀とムラ社会』岩田書院
熊本県総務部市町村局市町村行政課　二〇一二『熊本県市町村合併史』

熊本大学教育学部日本史研究室　一九九九『熊本大学教育学部日本史研究室調査報告書第2号　山野に生きる人々の営みと歴史―熊本県阿蘇郡阿蘇町大字湯浦地区の現地調査―』
熊本大学教育学部日本史研究室　二〇〇一『熊本大学教育学部日本史研究室調査報告書第3号　地名から探るムラの営みと歴史―熊本県阿蘇郡阿蘇町大字西小園地区の現地調査―』
櫻井　治男　一九九二『蘇るムラの神々』大明堂
櫻井　治男　一九九四「明治初期の「神社」調べ」『明治聖徳記念学会紀要』一三
島村　恭則　二〇一八「民俗学とは何か―多様な姿と一貫する視点―」『現代民俗学のフィールド』吉川弘文館
藤本　頼生　二〇〇三「岡山県における明治初期の神社整理―明治初期の神社関係行政文書をめぐって―」『岡山地方史研究』一〇〇
森岡　清美　一九八七『近代の集落神社と国家統制―明治末期の神社整理―』吉川弘文館
米地　実　一九七七『村落祭祀と国家統制』御茶の水書房

参考資料

「阿蘇郡神社明細帳」（熊本県総務部私学振興課所蔵）
「阿蘇郡調洩社堂最寄社堂合併調」（国立国会図書館所蔵「社寺取調類纂」第二一一冊所収）

神社整理と奄美のシマ・村社
――明治期の島嶼町村制と村の神社――

及川　高

一　問題の所在

1 本稿の問い

本稿がフィールドとして扱うのは、奄美群島、すなわち鹿児島県の南海上の島嶼部である。奄美群島は奄美大島を中心に、喜界島・徳之島・沖永良部島および与論島からなり、そのさらに南には沖縄県が位置している。この奄美群島における神社整理政策の影響に関しては、これまでまとまった研究が著されたことはない。

先立って述べてしまえば、奄美群島においては一般に知られるような神社整理、神社合祀の事業が行われた様子は認められない。それは歴史記録や伝承に残されていない、というだけではなく、そもそも今日まで奄美には祭神や由来のはっきりしない小社が無数といえるほど残されている。行政が組織的に小社・小祠を統廃合した痕跡は奄美では確認できず、この点においてひとまず、奄美では神社整理は行われなかった、ということができる。しかしながらその一方で、実は奄美には神社整理政策に関連して興味深い事例が見出される。それは大きく二つの論点と関わっている。

一つは奄美群島の民俗の、日本本土に対する差異ということである。周知のことながら、奄美を含む南西諸島の民俗は日本本土のそれとは大きく異なっている。奄美は近世以降、薩摩藩の統治下にあった地域であるが、宗教文化にしても社会制度にしても、その民俗を日本本土と同様に見ることはできない。本稿に関わる点でいえば、実は奄美においてはそもそも神社そのものが一種の外来宗教というべき地位にある〔薗田　一九八二、徳富　一九八二〕。奄美の宗教文化においては近世まで、伝統的に「ノロ（ヌル・ヌール）」等と称される女性祭司が担った村落祭祀と、「ユタ」等と呼ばれるシャマンによるシャマニズムが人々の宗教的需要を満たしてきた。翻って神社は、そうした土壌に対し、主に薩摩から派遣されてきた役人等によって、民衆教化のために政策的に移入された信仰なのである。その移入の時期は近世に遡るものもあるが、動きが本格化するのは明治以降であり、奄美各地に設けられた高千穂神社などは多くが明治期の創建である。そして奄美において郷社や村社が定められていく過程においては、基本的にこれら持ち込まれた神社が指定の対象となっていった。

しかしながらこうした明らかな外来性の一方で、実際の今日の奄美には数多くの小社・小祠が認められる。薗田稔はかつて九学会の調査で奄美大島・徳之島・与論島の三島の全域にわたって「百数十地点」の集落を踏査し、そこで九九件の「神社小祠の存在を確認」したとしている〔薗田　一九八二：三五二〕。筆者が一〇年以上に渡って継続調査を行っている喜界島でも、ほぼ全ての集落に最低一つの神社があるとみてよい。こうした小社の大半は祭神や来歴が不明瞭だが、そのなかの少なくない割合が、近世以前は前述したノロが祭場や聖地として祀っていたものと推測される〔及川　二〇一六：一一三～一三六〕。この神社化の契機は幕末維新期の廃仏毀釈であり、その結果、予てより祀られていた霊石等を神体として祀り直した現在の小祠・小社が生まれたわけである。これらの神社は、もちろん「かつては更に多くあったものが整理されて現状に至っている」可能性もないわけではないが、少なくとも神社整理によって消え去ることはなく、今日まで信仰され続けている。

ここで触れておきたいもう一つの論点とは、神社整理の同時期に奄美で行われていた大規模な行政改革との関係である。この改革とはすなわち、明治四一年（一九〇八）に実施された島嶼町村制を指している。そもそも明治政府は明治二二年、町村制を定めることによって自治体の枠組みを規定し、今日まで続く地方自治の基礎を作り上げた。しかしながらこの町村制は、沖縄や北海道、そして本稿の扱う奄美など、日本のいわゆる僻地については実施が延期されていた。その法整備が及んだのが島嶼町村制の施行なのである。神社整理が主に推進された時期は、大よそ明治三九年から大正三年であるが、これは島嶼町村制の施行された明治四一年と重なっている。

神社整理のスキームは「一村一社」と称されるように、市町村という地方自治体がそれに対応する郷社・村社などを財政的に支える体制をモデルとしていた。言い換えれば、町村の枠組みが既に画定していることを前提に、そこにある小社を「一村」に対応した「一社」にまでまとめることが神社整理であったわけである。日本本土の場合、明治二二年の町村制に前後して、俗にいう「明治の大合併」が行われ、市町村の整理が行われている。したがって明治三九年以降の神社整理は、こうした自治体の整理の後に行われた、という過程をたどっている。しかしながら奄美群島の場合には二つの政策にはほとんど先後関係がなく、「村」と「村社」は明治末期に、ほぼ同時に創出されたという関係にある。

既に述べたように、奄美ではいわゆる神社整理の動きは認められない。ただし一方でその時代には、国全体の宗教政策の枠組みの下で、奄美では「村」とそれに対応すべき「村社」が立ち上げられてきていたわけである。そしてその前提には、日本本土とは大きく異なる在来の民俗と宗教文化があった。それではこの神社整理と島嶼町村制の時代、奄美の神社には一体何が起きていたのだろうか。あるいはそうした状況のなかから、「村社」はいかに立ち現われ、そしてそのことは奄美群島の人々にとって、いかなる意味や変化をもたらすものであったのだろうか。以上の問題意識に基づき、本稿では、本書所収の他の論考が扱う神社整理の事例に時代的に並行し、奄美群島でその頃に起きていた神社をめぐる事実関係の整理を試みる。そしてそこから、群島に「村社」が現われてきたことの、奄美民衆史上の意味について考察してみたい。

2 フィールド

本論に進む前に、フィールドの概要を確認しておこう。奄美群島の民俗は文化圏的には沖縄との近縁性が認められるものの、完全に同質ではなく、あえて単純化するならば本土と沖縄の境界性を特徴とする。このことは奄美群島が辿ってきた歴史を反映している。在地史料が限られるために奄美の中世以前の様相は主に考古資料からしか推定できないが、南西諸島が狩猟採集を主とした先史時代を脱し、安定した農耕と交易を営む在地勢力が現われたのは、大よそ一二世紀頃とみられる。これらの在地勢力は「城《グスク》」と称される石積みの山城を築いたことから、南島史学はこの時代をグスク時代と称しており、これは日本史上の中世に並行している。グスクの造営は奄美から沖縄にまで及んでみられる現象であることから、この時代には既に南西諸島全域に及ぶ文化圏が成立したことが推定される。そしてこれらの在地勢力が相互に競うなかで現われたのが、沖縄本島中部に成立した琉球国の王権であった。一五世紀前半に琉球国は、「三山《さんざん》」と称される沖縄本島を割拠した三つの勢力、すなわち北山《ほくざん》・中山《ちゅうざん》・南山《なんざん》の戦争を経て、中山勢力が勝利したことで成立した。ここに現われた琉球王権はさらに、一六世紀には西の海上の石垣・八重山等の先島諸島や、北の奄美群島にまで勢力を及ぼし、この時代に歴史上の最大版図を獲得する。奄美はこの時期に、後述するノロの組織や間切制度などを受け入れたとみられる。

奄美史の次の転機は慶長一四年（一六〇九）の薩摩藩による侵攻である。成立間もない幕府の許可を得た薩摩藩は琉球国に侵攻し、奄美群島の領有を奪うとともに、以後近世を通じて琉球の対外関係に介入するようになった。その後の琉球国の歩みに関しては本稿と関係が薄いために割愛する。琉球国から割譲された奄美群島は、薩摩より各島に派遣された役人の施政下に置かれた。この時、奄美と沖縄の間に引かれた境界線はその後、幕末維新期から近現代を経て、戦後の米軍統治下に置かれた八年弱（一九四五～五三年）を除き、今日に至るまで行政上の分割線であり続けている。

このような歴史を歩んだ奄美の文化は、前述した境界性によって特徴づけられる。すなわち奄美の民俗文化は、先史時代から中世にかけては琉球国と大きく重なり合う一方、近世以降は薩摩藩の支配下に置かれたことで琉球とは切り離されてくる。このため南西諸島を特徴づける女性祭司の「ノロ」や、「ユタ」のシャマニズムの文化等については、奄美・沖縄に共通している一方、近世期以降の文化受容には顕著な違いが認められる。たとえば近世琉球が対清交易の過程で広州より受容した石獅子（シーサー）や亀甲墓、風水思想などの民俗は、奄美群島には見受けられない(1)。

とはいえ奄美群島の文化は、近世以降も日本に全く同一化されたわけではなかった。そもそも奄美は本土鹿児島の南端から三〇〇キロメートル以上隔たっており、往来するのは藩に派遣された役人や流刑者・船頭たちだけであって、人が文化を持ち運ぶ機会そのものが限られていたのである。それだけでなく薩摩藩は、奄美に対して独特な統治制度をとっていた。その一つの例が寺檀制の欠如である。これは薩摩藩全体の政策であるが、薩摩は寺檀制をほぼ形骸化し、檀那寺が檀家を管理する体制を敷かなかった。近世時点で奄美には幾つかの仏教寺院があったことが史料から確認できるが、民衆に対する影響力は限定的で、かつそれらはみな幕末維新期の廃仏毀釈で失われている。一方、神道に関しても状況は大差なく、薩摩の役人などが勧請した神社が各地に点在しているのみ、というのが近世奄美の状況であった。

これらに代わり、奄美の人々を強く捉えていた信仰が、ノロの祭祀とユタのシャマニズムであった。特に女性祭司であるノロは、奄美の人々のなかから血統で選出されていた宗教者で、村落祭祀を担い、民衆の崇拝を集めていた、薩摩藩はノロのこの信仰を、琉球国との関係は禁じた上で、近世以降も在地の宗教として黙認に近い扱いをとっていたとみられる〔松下　一九八三〕。しかしこれらの信仰も明治維新に前後して、廃仏毀釈の対象となって多くが破壊された。

近代以降、奄美は引き続き鹿児島県の一部として行政下に置かれる、しかしながら既に述べたように、僻地であった奄美群島では、日本本土の法や制度が即時に波及したわけではなかった。明治三〇年代においてなお、奄美は日本の一部でありながら、たとえば笹森儀助の「探験」の対象でさえあったのである〔笹森　一九八二（一八九三）〕。翻って神社整理の時代とは、是非はともかく、奄美にとってこうした状況が変化し、日本の社会制度に本格的に組み込まれていく時代であったということができる。それでは、その過程はいかなるものであったのか。まず次節で、近代初頭における奄美群島の民俗社会の状況を確認した上で、さらに節を改め、奄美に行政村や村社が現われてくる過程をみてゆきたい。

二　奄美の民俗社会と宗教

1　シマと間切

民俗学だけではなく、村落社会学や地理学等も含め、南島研究は奄美・沖縄の集落を「シマ」という語彙で呼んできた。これは現地語の自称に基づいた用語法でもあり、「ワキャシマ（我がシマ）」「ウマリシマ（生まれシマ）」のような表現がその一例である。シマの大半は景観的には集村を呈し、その多くは海に面した平野部に所在して、二〇戸から一〇〇戸程度の世帯によって構成されている。(2) シマは日本本土でムラと呼ばれるものに概ね対応し、近世文書でも「村」がシマを指す語彙として用いられている。概念としての「シマ」と「ムラ」の間にある差異や同一性等については検討の余地があるが、ここではその問題には踏み込まない。奄美の地域研究としての本稿は、以降、さしあたりシマの語彙を用いて議論を進めてゆくこととする。

シマは本土のムラと同様、行政的にはいわゆる大字《おおあざ》に相当する。奄美ではこれらのシマは、近世まで「間切《まぎり》」と「方《ほう》」という枠組みで統治されていた。間切とは中世に琉球国が設定した行政区分であり、薩摩はこれを慶長一四年（一六〇九）の割譲以降も用い続けた。この間切は更に二つに分けられ、この下位区分を方と呼んだ。したがって奄美の人々は近世まで、間切→方→村（シマ）という統治構造の下に置かれていた、ということができる。間切や方の範囲は近世を通じて一様ではなく、幾度かの境界線の変更がなされているが、間切の大枠が解体されたり、ゼロから再編されるような改革はなされていない。

明治初頭に派遣された官僚である久野謙次郎が明治六年（一八七三）に著した巡検記『南島誌・各島村法』の記述から、明治初期の行政上の区分けを表1にまとめた（久野　一九五四）。これによると近代初頭の奄美には、群島全域で二四八のシマがあり、それらの上には二一の間切があったことがわかる。なお間切という単位は、この巡検に前後する時期に順次廃止され、方の呼称に切り替えられている。したがって正確にはこの時点で、表に含まれている間切にはそのように名乗っていないものもあることには注意されたい。(3)

奄美の人々は自身のシマに対して強い帰属意識を持っていたものの、その上位カテゴリーである間切・方に対して

表1　明治初頭における間切とシマ

島	間切	方	シマの数	出典	補足
奄美大島	笠利	笠利	8	p.12	
		赤木名	11		
	名瀬	名瀬	10		
		龍郷	10		
	古見	古見	4		
		瀬名	4		
	焼内	大和浜	12		
		宇検	13		
	住用	住用	12		
		西	8		
	西	実久	13		
		東	12		
	東	渡連	14		
		（合計）	131		
喜界島	湾			p.141	方の区分の記載なし。
	荒木				
	東				
	西目				
	伊砂				
	志戸桶				
		（合計）	30		
徳之島	東	亀津	6	pp.63–64	徳之島は、方ではなくアツカヒ。
		井ノ川	7		
	西目	岡前	6		
		兼久	9		
	面縄	伊仙	9		
		喜念	8		
		（合計）	45		
沖永良部島	喜美留	喜美留	36	pp.97–98	従来間切の境界が曖昧で、安政3年(1856)に間切を廃止し、3方36村に分けた。
	久志検	久志検			
	城	大城			
		（合計）			
与論島	東			p.125	2間切6カ村は境界が曖昧。
	大水				
		（合計）	6		
総　計	21		248		

「出典」は『南島誌・各島村法』のページ数。

は、その限りではなかった。こうした傾向は日本本土でも、ムラと行政村の関係について同様のことがいえるかもしれないが、奄美のその傾向は特に顕著であったといえる。奄美でフィールドワークを行うと、今日でも「シマはそれぞれの方言を持っている」という語りに出会うことがある。すなわち距離的には一キロも離れていないシマ同士の間にさえ、アクセントやイントネーションの差異が存在するというのである。この方言の差異の単位となるのはシマであって、間切の範囲が挙げられることはない。このように、シマをシマごとに閉じた空間と見做す彼らのリアリティは、奄美の民俗社会のあり方と大きく関わっている

2　村内婚の民俗

奄美のシマの民俗を特徴づける要素の一つは、村内婚への顕著な志向性である。奄美の人々は、ほぼその全域において配偶者は自分のシマのなかに求めることが自然、あるいは望ましいことと考えていた。こうした規範は社会が近代化し人の移動が増大するにつれて、自然に弛緩していったものの、それでも太平洋戦争以降にまで維持されていた〔蒲生　一九七八：二七九～二九五〕。筆者の二〇〇〇年代初頭の調査でさえ、奄美では村内婚を普通とする価値観があったことを現役世代が記憶していた。

奄美の民俗社会において男女の交際は、夜ごとに若い男性が未婚の女性の家を訪ねてくる、というかたちで行われていた。男性は一人のこともあれば複数で訪ねてくることもあった。時間帯は仕事や夕食を終えた後で、若い男女は縄をなうなどの軽作業を共に行ったり、三線で歌い踊るなどして夜半まで楽しんだ(4)。こうした交際は当事者同士の自由に委ねられていたが、同時にそれは、常に娘本人だけでなく娘の両親の視線の下にも置かれていた。奄美の婚姻は、本人が配偶者を決める場合と、親や親族が決める場合の両方があり、特に親の発言力は近代民法の施行によって強まったとみられる。いずれにせよこうした通いを重ねるうちに当事者同士の意向が固まり、更に双方の両親の了解を得ることによって、奄美の若者たちは交際から婚姻へと関係を進めていた。

ただし奄美の場合、近世までは男女が婚姻関係になっても、いわゆる「妻問い」、すなわち夫が数年にわたって妻

方に通う婚姻の形態が行われていた。瀬川清子は昭和三一年（一九五六）の南島の調査に基づき、沖縄においては近代以降も妻問い婚の民俗が残っていたことを明らかにしている[5]〔瀬川　一九六九：一三〇〕。この民俗が奄美でやや先んじて消滅した理由は定かではないが、それでも嫁がしばしば実家（里方）に帰省することや、特に出産を実家で行うことなど、結婚後も嫁が生家との強い関係を維持する傾向については、戦後の調査においても報告されている。

これらの交際から婚姻に至る民俗は、いずれも夫・妻の生家が互いに近傍であることを前提としている。若者が意中の相手のもとに通うためには、女性の家はシマのなかになくてはならない。その必要性は婚姻関係が結ばれた後の妻問いにおいては猶更である。このように村内婚が規範化されていたために、シマで生まれた人々にとっては、シマの中で配偶者を見つけて子供をもうけ、そのままシマの中で死んでいくことが、いわば普通の人生というものであった。前述した「奄美はシマごとに言葉が違う」と語られる方言の差異とは、このようにシマの内部で人生が完結する民俗社会を母胎として生まれたものである。そしてこの村内婚の文化は、奄美のシマにおいて、地縁と血縁が複雑に混じり合った社会集団を作り出すこととなった。これが「ハロウジ」と称される奄美の親族集団である。

3　祖霊と神

ハロウジとは、奄美の親族集団で男系もしくは女系の出自関係に関わらず、「自身と何らかの血縁で連なった人々」という認識から形成される集団である。ハロウジが顕在化するのは先祖祭祀儀礼のなかであり、これは喜界島の場合、ウヤンコーと呼ばれる墓参り儀礼がそれにあたる[6]。ウヤンコーは毎年秋口に、暦に沿って日を決めて行われる儀礼で、その日程はシマごとに異なる。この日、喜界島の人々は、シマ全体をあげて集落後背にある墓地で先祖祭祀を行う。喜界島では「盆は先祖が家にやってくるが、ウヤンコーでは生きた人間が先祖のところに行く」という表現がなされるように、盆と並んで重要な先祖祭祀の儀礼に位置づけられている。ウヤンコーという呼称は「親ン孝」の字が宛てられる場合もあるが、本来の語義はわかっていない。

喜界島では近世まで、それぞれのシマはシマ後背の斜面にある崖穴を墓地として利用していた。奄美では火葬は戦後になって広まったものに過ぎず、衛生管理を理由に政府が土葬を指示するまでは、風葬と呼ばれる遺体処理が行われていた。風葬とは遺体を空気にさらしたまま腐敗させて白骨化させる方法で、数年後に洗骨儀礼を行って遺骨を拾い、改めてカメに納めて祀るのが奄美の一般的な遺体処理法であった。シマ後背の崖穴は、この風葬のために遺体を納めて白骨化させる場であるとともに、洗骨を経た後の骨を納めたカメを安置する場であった。この崖穴はムヤ・モーヤなどと呼ばれ、「喪屋」などの字が宛てられる。ムヤの崖穴は太平洋戦争の際に防空壕に転用されたこともあって、戦後には徐々に放棄され、本土式の石塔墓にとって代わられていった〔及川　二〇一四〕。しかしながら墓を先祖祭祀の場とする意識は強く、毎月一日・一五日を墓掃除の日とする習慣は今日でも顕著に認められる。寺檀制のない奄美では、墓や遺骨は子孫によって自ら管理され、祭祀されるものであった。

ウヤンコーはこのムヤの前に子孫にあたる人々が参集し、共食を行う文化である。ウヤンコーの日にはシマの人々は早朝から重箱や酒を持参して墓所に集まり、一斉に墓参りを行った。その合図のためにかつてはホラ貝を吹いていたというが、このようにウヤンコーは先祖祭祀ではありつつも、血縁に基づいた親族集団ではなく、シマ全体を実施の単位としていた。したがってウヤンコーに参加することは、先祖に対する子孫の義務であるにもまして、シマの規範として強く意識されている。筆者の調査でも、「喜界島の人々は毎年、次年度のカレンダーが手に入ると、まずはその年のウヤンコーの日がいつなのかを確かめるのだ」という語りに出会ったことがある。

ウヤンコーの時、シマの人々は自分の墓での共食が一区切りし次第、「自分と繋がりがある」全ての墓を訪ねることになっている。この繋がりを現地の言葉では「ヒキ」と言う。ヒキは男系・女系の区別なく双系的に辿られる一方、自身との出自上の関係が明確に説明できないものも含まれてくる。たとえば「自分とどういう関係なのかは全く知らないが、子供の時、自分の母親がそのお墓にお参りしていた」というようなケースであっても、その墓に参ることが望ましいとされている。ウヤンコーの先祖祭祀は基本的に出自と血縁に基づいており、自分と何らかの血の繋がりがある先祖を祀るものであるが、このように繋がり（ヒキ）の論理が双系的に適用される上、さらに村内婚が積み重ねられることにより、シマの個々人が自身の先祖と見做しうる死者の範囲は、非常に広く、かつ曖昧になる。現地で聞き取った表現を借りれば、奄美のシマの人々にとって裏山の死者たちはみな、かつてシマに生きた「先輩」であることには違いがないのである。

沖縄出身の民俗学者かつ地理学者であった仲松弥秀《なかまつやしゅう》は、柳田国男の祖霊論の影響のもとで、こうした死者祭祀のあり方を南西諸島のシマの精神文化の特徴として位置づけた（仲松　一九六八）。すなわちシマの人々にとって神とは本質的には祖霊であり、シマとはそのような神＝祖霊を祀る祭祀共同体だというのである。この視点から仲松はかつて、神女ノロの祀った聖地である御嶽《うたき》の原型は、先祖の骨を祀った墓所であったという仮説を提起したことがある。この仲松説の是非は措くとしても、奄美においてシマが一種の祭祀共同体としての性質を強く有していたことまでは認めてよい。人々のこのような宗教意識は近代以降、ノロの聖地であった御嶽が神社に作り替えられていく過程に大きく影響したものと考えられる。

4　ユレ

このように、閉じたシマは一種の宗教共同体としての性質を帯びた一方で、世俗的意味での自治の能力はそれほど発達させてはこなかった〔及川　二〇一九〕。たとえば奄美のシマには経済的な階層分化はあれど、日本本土でいう庄屋や名主のような社会階層がおらず、その職分に当たるものは薩摩藩の役人との連絡役の性質が強い「掟」あるいは「功才《こうさい》」といった役職の者が担っていた。その背景には、前述したハロウジ型の親族組織のために、いわゆる家格意識が発達せず、特定の家筋が名主として集落の自治を取り仕切ることがなかった点が挙げられる。さらに近世奄美では農耕地に関しても私有化が行われず、シマの共有地について定期的な割替えを行うことで構成員に土地を配分していた。こうした財産制度もまた、家格意識の発達を妨げる要因であるとともに、だからこそ前述したようなシマを単位とした先祖祭祀の文化がなりたつことともなった。

こうした社会制度の下で、奄美の自治は主に「ユレ」と呼ばれる合議を通じて行われていた。ユレは「寄」の字が当たるようであるが、その特に近世における実態については史料的制約のため明らかでないことが多い。たださしあたりユレは、本土のムラで行われた寄合に比べ、特に薩摩の役人からの指示を下達することに重点が置かれた場であったようである。ユレへの参加は家格によって制限されることはなく、基本的に「一戸から最低一人」を出すということが義務として定められていた。

翻って奄美の人々は、概してユレへの参加には消極的であったようで、岩倉市郎の収集した喜界島の阿伝集落の議事録である『喜界島阿伝村立帳』の記録を見るに、ユレを欠席した者への処罰がたびたび議題に挙がっている〔アチックミューゼアム（編）　一九四〇〕。こうした消極性はユレがもともと、当事者による自治の合議の場であるというより、薩摩藩の支配のもと、その上意が下達される、むしろ厭わしいような場であったためのようである。奄美には「ユレウガミ」という「ユレ」に「ウガミ（拝み）」を繋げた言葉が残されているが、ここには支配者の意向を恭しく受け取る場としての寄合の性質が表現されている。

奄美の人々が、こうした受動的な「ユレ」のあり方を脱し、実質的なシマの自治を行うようになったのは近代以降のことと考えられる。その一つの目安となるのが、集会のための場所を定める動きが見出されてくることである。郷土史料などをみる限り、奄美のシマの多くは、遅いところでは大正から昭和初頭まで、正式なシマの合議の場をもっていなかった。これは単に専用の集会所（本土で言う村宿など）をもっていないというだけではなく、誰かの自宅に参集するという習慣そのものさえない、という事例もあったようである。そうしたシマではユレはしばしば屋外で行われ、ガジュマルの大樹の下や、高倉と称される倉庫のまわりが使われていた。

日本が近代化を推し進めていた明治時代初頭、奄美のシマの人々が生きていたのは、大まかにはこのような民俗社会であった。しかしそれでも時代とともに、シマは僅かずつでも変化を促されざるを得なかった。そして日本政府からの本格的な政策的介入が始まってきたのが、本書全体の関わる時代としての明治四〇年前後であった。

三　国の政策と奄美

1　神饌幣帛料を供進すべき神社

日本では明治二一年（一八八八）に市制・町村制が敷かれ、地方自治体の枠組みが規定された。しかしながら既に述べたように、この制度は沖縄や北海道には適用されず、離島であった奄美も同様に扱われた。奄美群島には政府に任命された「島司」が責任者として置かれ、これを中心とした行政が明治三〇年代まで敷かれ続けたのである。この点で明治時代に入ってなお、奄美の統治の実情は、少なくとも民衆自身にとっては近世の制度から大きく変わることはなかった。翻って、本書の課題である神社整理政策が打ち出された時代とは、そうした奄美の社会にとって転機となる時代であった。

事実関係としてまずは明治三九年四月二八日付で出された「勅令第九十六号」をみてみたい。これは府県や市町村が準拠すべき、神社への神饌幣帛料の供進に関する規定である(7)。

第一条　府県ハ府県社、郡又ハ市ハ郷社、市又ハ町村ハ村社ノ神饌幣帛料ヲ供進スルコトヲ得
　前項ニ依リ神饌幣帛料ヲ供進スルコトヲ得ヘキ神社ハ地方長官之ヲ指定ス
第二条　前条神饌幣帛料ノ金額ハ内務大臣之ヲ定ム
第三条　北海道沖縄県其ノ他市制町村制ヲ施行セサル地方ニ於ケル府県社郷社村社ノ神饌幣帛料ニ関スル規定ハ内務大臣之ヲ定ム

特に解説は要しないであろうが、県や市、そして町村が、それぞれに対応する県社・郷社および村社に対し「内務大臣之ヲ定ム」金額を提供することを定めたものである。そもそも神饌幣帛料として行政が財政負担するのであれば、その対象となる神社の数は当然整理され、町村と対応した一社(ないし数社程度)に限定されざるを得ない。従ってこの指示は、神社への公的資金投入を定め神道の国教化を推進した規定であるだけでなく、神社整理政策の前提をなす指令でもある。

さて、本稿がここで注意を促したいのは、このなかの第三条である。これは前二条に対し「北海道沖縄県其ノ他市制町村制ヲ施行セサル地方」については、この規定を適用しないことを規定したものである。条文に名指しされてはいないが、この例外地域に奄美群島が含まれていたことはいうまでもない。

ここで例外扱いされた奄美であるが、それでは実際にこの方針はいかに運用されたのであろうか。明治四三年に鹿児島県が作成した『現行鹿児島県令規全集』によると、「市制町村制ヲ施行セサル地方」である奄美では、明治四〇

年の時点で次のように「神饌幣帛料を供出するべき神社」が指定されていたことがわかる。

大島郡ニ於ケル神饌幣帛料ヲ供進スルコトヲ得へキ神社指定（明治四十年二月一日　県令第五号）

大島郡ニ於ケル明治三十九年内務省令第二十号ニ依リ神饌幣帛料ヲ供進スルコトヲ得へキ神社左ノ通指定ス

大島郡　金久村井彌　郷社　高千穂神社　（奄美大島）

同郡　瀬武村前原　村社　高千穂神社　（加計呂麻）

同郡　鹽道村長畑　村社　高千穂神社　（喜界）

同郡　小野津村宮戸　村社　八幡神社　（喜界）

同郡　阿布木名村大原峰　村社　高千穂神社（徳之島）

（『現行鹿児島県令規全集　第四類』二二三頁）

ここに挙げられた神社を地図に落としてみた（図1）。勅令九六号の規定に従い、内務省令によって一つの郷社（①）と四つの村社（②～⑤）が指定されたことが確認できる。しかしながら地図から読み取れるように、ここに指定された神社の分布は明らかに偏っている。たとえば、沖永良部島や与論島には一つの神社も指定されていない一方、それとあまり規模の変わらない喜界島では北部の比較的近しい二社が指定されている。この指定がどのような基準によるものであったのか、筆者はまだ確認ができていないが、さしあたり奄美において神社に対する神饌幣帛料の供出は、右に挙げた五社から始まったことをまず確認しておきたい。

島嶼町村制の施行はその翌年、明治四一年四月一日のことである。これによって奄美では町村の枠組みが初めて定められ、村が地方自治体としての法人格を獲得する。この時に奄美群島に設定されたのは一四ヶ村であった。ちなみに正しくはこの際同時に、奄美大島と本土鹿児島の間にあるトカラ列島が「十島村」という行政村になり、奄美群島とともに管轄されているが、以下の議論では煩瑣を避けるため省略する。

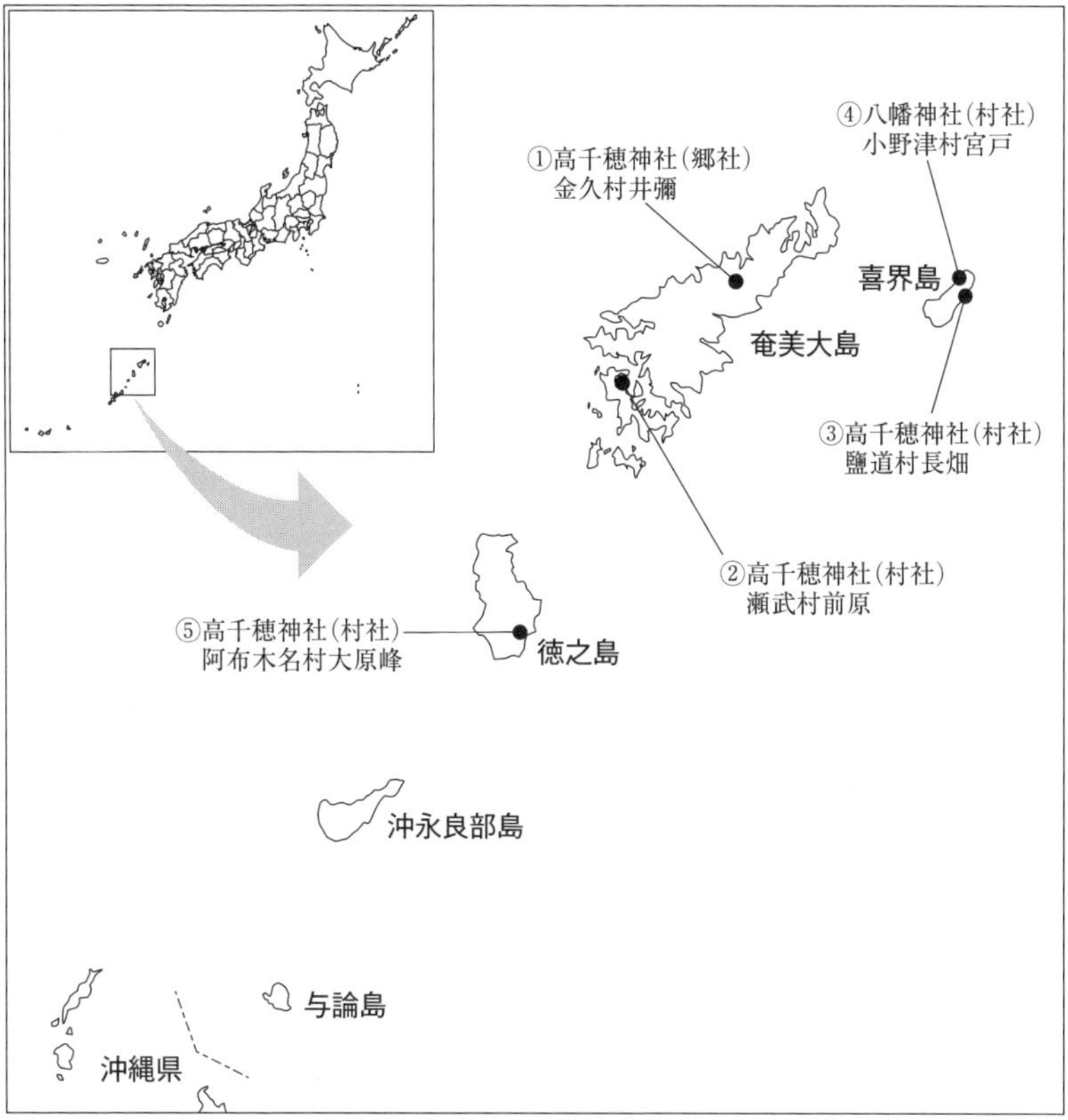

図１　明治40年「神饌幣帛料を供出するべき神社」

新村の指定にあたっては、それまでの近世以前の間切や方の枠組みが、ある程度下敷きになっている。ただし間切の境界線がそのまま新たな行政村の境界になっている例は少なく、様々な便宜によって新たな線引きや組み直しが行われている。表2の左側(間切→新村)はこの関係をまとめたものであるが、間切と新村の対応関係はあくまでも大まかなものに過ぎない。表2から読み取れるように、特に再編が顕著であったのは喜界島で、近世の六間切が全て統合され、喜界村一つに統合されている。ほか沖永良部島は近代初頭で三つに分かれていたが二つの新村に整理され、同じく与論島も二つの間切が一つの村に整理されていることが見て取れる。沖永良部島出身の郷土史家である永吉毅によれば、島嶼町村制が敷かれた明治四一年の時点で奄美群島には一七九の村（シマ）があり、それらはそのまま一七九の大字に読み替えられたという〔永吉　一九七六：一八〇〜一八一〕。前述のように明治初頭の時点で奄美群島には二四八ヶ字があったため、それから四〇年ほどの間に約七〇のシマが統廃合されたと考えられる。

2　村社と島嶼町村制

島嶼町村制が敷かれて以降の奄美群島の統計資料は、鹿児島県立図書館奄美分館が作成した史料集に採録されている。これを参照することで、島嶼町村制以降の郷社や村社・無格社の推移を知ることができる〔鹿児島県立図書館奄美分館　一九八一〜一九九二〕。ここから明治四一年（一九〇八）と明治四三年の郷社・村社数を抽出し、前掲の明治四〇年の「神饌幣帛料を供出するべき神社」の指定数と合わせてまとめたのが、表2の右側である。

繰り返しとなるが、明治四〇年に奄美群島において指定されたのは、郷社が一つ、村社が四つのみの計五社のみであった。しかしその翌年、島嶼町村制が敷かれた明治四一年の時点で、この数は一気に増え、郷社九社、村社三六社が数え上げられている。この年の統計については、史料に神社の所在等があげられていないため、どこにあった神社をどのように計上したのかは明らかではない。ただ郷社・村社の数が共に跳ね上がったことに注意を促したい。なお表2では省略したが、その翌明治四二年の集計も、その前年の数にそのまま準じている。次に大きな動きが出るのは、そのさらに翌年の明治四三年のことで、この年の集計では奄美群島全体で郷社四社、および村社二〇社へと急減している。この資料では所在についてもまとめられており、与論を除く各島に一つの郷社が置かれているのに加え、複数の村社が配置されていたことがわかる。

同様の統計を、前掲の鹿児島県立図書館奄美分館の史料に収録されている範囲にあたる、大正八年(一九一九)までの期間で整理したのがグラフ1である。これによりそれぞれ「郷社」「村社」「無格社」「其他」というカテゴリーの神社数の集計の推移がわかる。このグラフから読み取れることを簡単に整理しておきたい。最初に、一見すると大正三

表2　間切と新村の対応と郷社・村社の数

島	間切	→ 新村	明治40年		明治41年		明治43年	
			郷社	村社	郷社	村社	郷社	村社
奄美大島	笠利	笠利村	1	1			1	7
	名瀬	名瀬村						
		龍郷村						
	古見							
	焼内	焼内村						
		大和村						
	住用	住用村						
	西	鎮西村						
	東	東方村						
喜界島	湾 荒木 東 西目 伊砂 志戸桶	喜界村	0	2			1	6
徳之島	東	亀津村	0	1			1	2
	西目	天城村						
	面縄	島尻村						
沖永良部島	喜美留 久志検 大城	和泊村 知名村	0	0			1	3
与論島	東 大水	与論村	0	0			0	2
		合　計	1	4	9	36	4	20

間切と新村の対応関係は大まかなものに過ぎず、そのまま読み替えられたわけではない。

明治41年の郷社・村社については総数しか記録がなく、地域ごとの内訳は不明である。

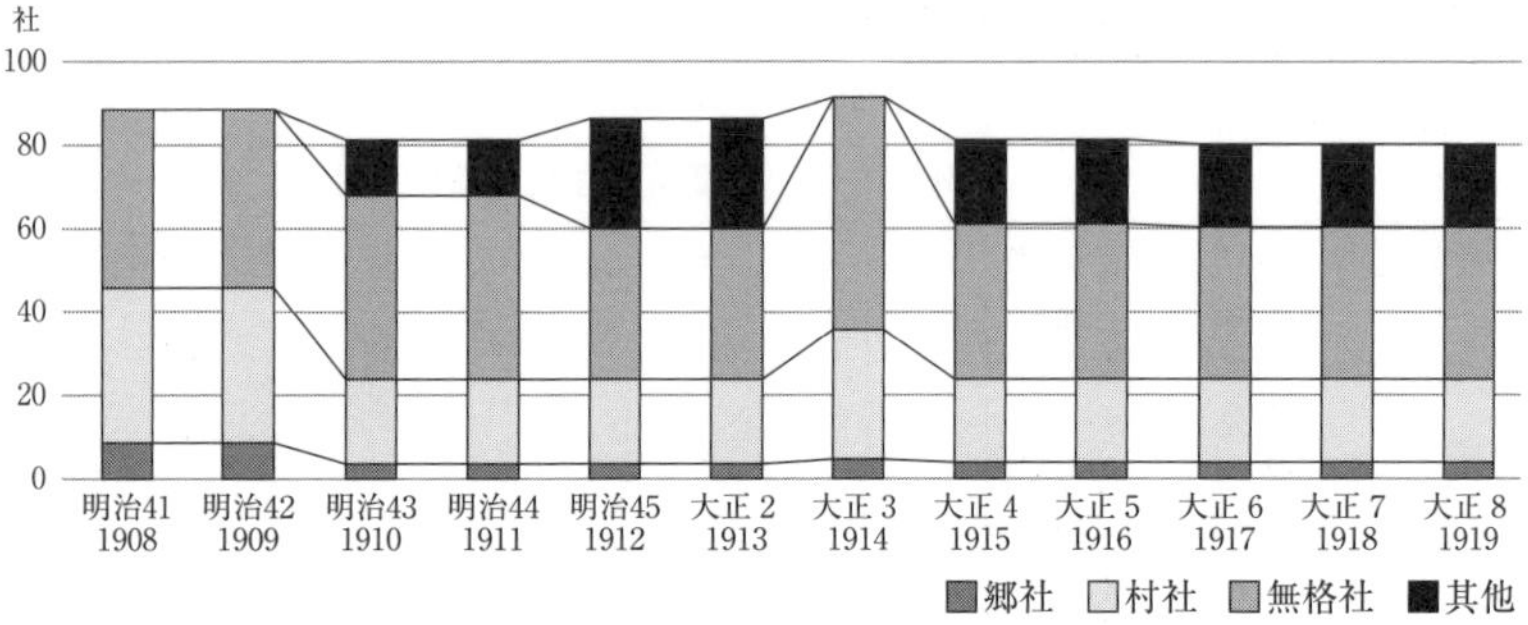

グラフ1　奄美群島における郷社・村社ほか

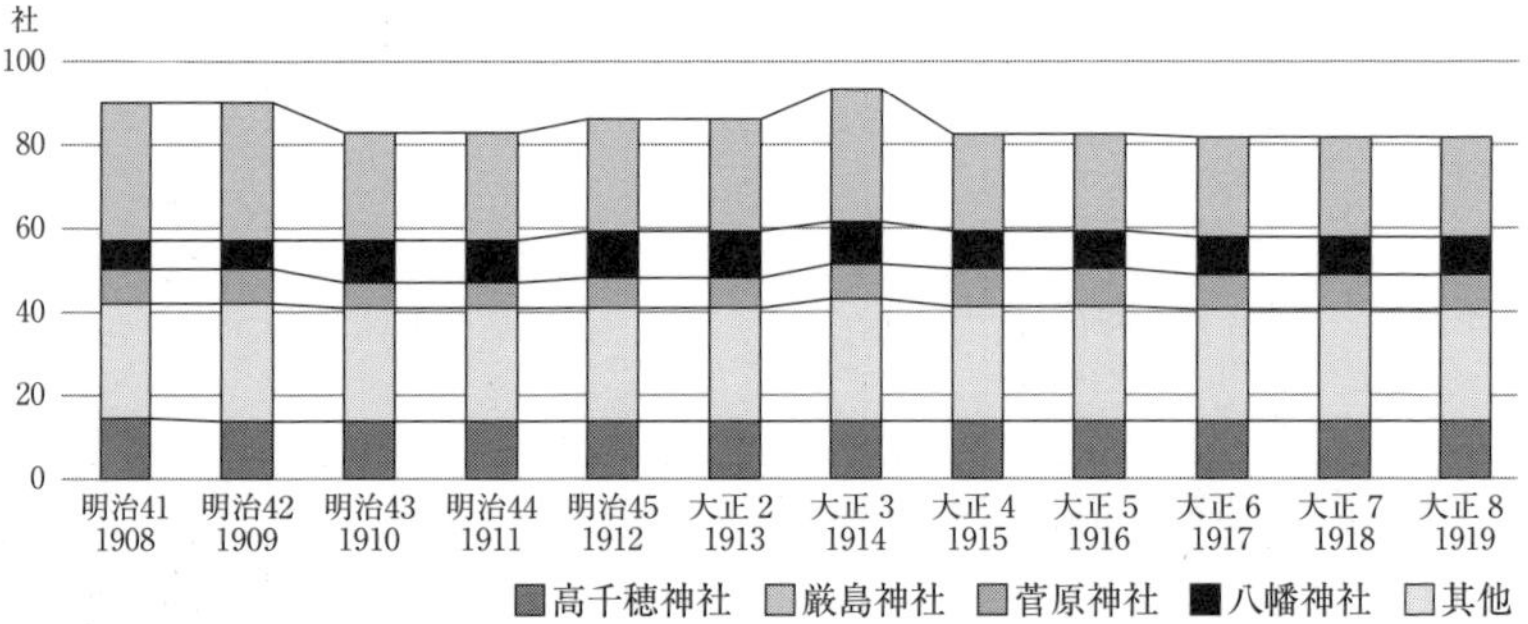

グラフ2　奄美群島における各神社の数

年の大きな動きが目につくが、それに前後する大正二年と大正四年が、「其他」の数が減少していることを除いて概ね同様の結果を示しているため、これは集計ミスなどの理由による異常値であるように思われる。グラフの変動は大正四年以降には再び安定し、全てのカテゴリーに関してほぼ変動がみられなくなる。翻って、大正三年以前についてはカテゴリーや数字がやや安定しない。

　前述した明治四二年（一九〇九）から明治四三年にかけての郷社・村社の数の急減の内実を、このグラフから見て取ることができる。すなわち明治四二年の時点で郷社・村社とされていたものが、翌年には無格社、もしくは新たなカテゴリーである「其他」に振り分け直されたのであろう。この「其他」についてであるが、グラフ2は同じ史料から神社の祭神別に集計したものである。これによると奄美には、高千穂神社・厳島神社・菅原神社および八幡神社がそれぞれ一定数存在していたことが見て取れる。これに加えて、それ以外の神社が一定数所在していたわけである。

ここで注意すべき点は、そもそもグラフ2の数値が年によって安定していない、という事実である。神社の祭神が毎年のように変更されることは考えにくく、その数が集計するたびに増減することも異常といえる。こうしたグラフの変動は、恐らく前述した奄美における神社信仰の外来性という事情を反映したものと推測される。すなわち、現地で神社として祀られながらも、それが一体何なのかは当事者にもはっきりしない神社が多くあり、これらが調査のたびにカテゴリーへの当てはめにエラーを生じ、記録にぶれを生み出したのであろう。

ここから当時の状況を推測するに、奄美群島における郷社・村社は、島嶼町村制が敷かれた明治四一年に、いささか場当たり的に確定したものと思われる。その結果が、郷社九社、村社三六社という過大な数字となったのである。しかしこのような数字は当然、整理を求める当時の神社行政の方針に沿ったものではなく、そのために明治四三年には郷社・村社共に指定が縮小され、これが以降の奄美における「神社幣帛料を供進すべき神社」の大枠となったものと思われる。この時、そこから漏れた神社は、日本本土と同様に「無格社」扱いとなったが、奄美の場合、それだけでなく「其他」というカテゴリーでも扱われた。そして実際には、さらに「其他」にすら数え上げられなかった小社・小祠はおそらく一〇〇を優に超える。

既に述べたように、奄美には現在でも一つのシマに一つ程度の神社がある例が多くみられ、その実数は数百に及ぶことが推測される。こうした状況を踏まえると、奄美においては郷社・村社の指定こそ動揺があったものの、各シマの小社が統廃合されるような神社整理は、ほぼ行われなかったとみてよい。ただこれは積極的に残したというよりも、行政の把握からの遺漏や、あるいは無視された、というのが実態に近いかもしれない。奄美のシマの小社は、既に述べたように前近代のノロの祭祀の流れを受けたものが多く、これらを神道の枠組みに収めていくことにはそもそも無理もあったことであろう。

3 奄美民衆にとっての「村社」

以上をまとめれば、まず奄美における村社の指定は、小社の統廃合によるいわゆる神社整理を伴うことはなく、島嶼町村制が定めた新村の枠組みに基づいて行われていった。そして、その際に主に村社に指定されたのは、現地の在来の信仰とは関係が薄い、高千穂神社などの移入された神社であった。ここまでをさしあたり事実関係として押さえた上で、もう少し踏み込んでみたいのは、近代奄美の人々にとってこれら「村社」とはいかなる意味をもつものであったのか、という問題である。既に述べたように、行政が神社幣帛料を供進すべき神社として、明治四〇年(一九〇七)段階で奄美に定めていたものは僅か五社に過ぎない。それがその翌年には大きく膨れ上がった後、明治四三年に概ね、その後の枠組みとなるような郷社・村社の数を確定している。だとすればこの明治四一年、および四二年にみえる郷社・村社の数が意味するものは何なのだろうか。

この時代を直接知る世代は既にいないため、実際にはこの問題を明らかにし得る史料は限られている。したがって以下の検討は、あくまで問題に対する補助線を与えることに留まるが、その前提の下で、ここでは喜界島と沖永良部島の二つの事例を紹介しておきたい。

【事例1　喜界島、中間集落の住吉神社】

中間《なかま》は喜界島の中部北岸に位置するシマで、ここには住吉神社が所在している。住吉神社の来歴は十分に明らかではなく、伝承では喜界島には一八世紀初頭に勧請されたとされている。ただし勧請された際にはもともと、集落後背の斜面にある洞窟を神社にしていたといい、いささか我々のイメージする「神社」とは様相を異にしている。これは伝承であるため、今のところ事実関係を明らかにするすべはないが、洞窟を聖地する点など、現地の民俗信仰や、あるいは修験などの信仰との関係も考えられる。南西諸島には流刑者なども含めて、近代以前に修験者がやってきていた痕跡が広く認められ、もともとはその種の信仰であったことは十分に考えられる。いずれにせよこの洞窟の神が、現在社殿の置かれている集落内の平地に移されたのは、明治七年（一八七四）のことであった。

この住吉神社は喜界島において、村社などに指定されることはなかった。ただその一方で、信仰圏がシマの範囲を越えていることに顕著な特色が認められる。すなわちこの住吉神社は、中間のみならず、その周辺の池治《いけじ》・島中・滝川の計四集落の人々を氏子としていた。とはいえ、信仰圏に含まれる池治や滝川には現在も祀られている保食神社があり、彼らはそちらについても氏子を名乗っていることから、ここでいう「氏子」というのは、広い意味での「信仰者」くらいのニュアンスで受け取る必要がある。すなわち四つのシマが協力して祀っているのが、この住吉神社なのである。興味深いのはこの四つのシマという範囲が、何に基づいて決まったのかはっきりしない点である。すなわち住吉神社の信仰圏は、旧間切や行政村とは無関係にそのようになっているのである。

本稿にとって興味深いのは、この住吉神社の整備が、本稿でみた時期と重なって積極的に推進されている点である〔竹之下　一九七一：一三四～一三六〕。集落の郷土誌の記録によれば、明治七年に移築された住吉神社は、その後も手入れが続けられたようであるが、特に明治三七年頃には参道の整備が進められたことが特記されている。この時、中間は参道に蘇鉄の植え付けが行われたという。さらにその一〇年後の大正三年（一九一四）にも、今度は有志の手による事業として、敷地内にクスノキやマツの植樹が行われている。また大正四年には中間だけではなく、島中や池治の有志が協力して、石灯籠を住吉神社に奉納したという。このように明治末から大正期にかけ、住吉神社は複数のシマにおよぶ信仰圏の人々からの尊崇を受け、その整備が進められていたのである。

【事例2　沖永良部島の神社と社倉】

沖永良部島は先ほど触れたように、明治四〇年（一九〇七）の時点では、郷社・村社が共に一つも認められていなかった。これが明治四三年の時点では郷社が一社、村社が三社認められ、この枠組みがその後も続いていくことになる。これらが辿った経緯には史料が残されているため、その概要を知ることができるが、その中身はいささか特殊である。次の資料を見てみたい。

一、本島中、神社六ヶ所あり。曰高千穂神社、曰菅原神社、曰大物主神、曰厳島神、曰世之主神、曰四並蔵神なり。其高千穂神は全島の崇廟たるを以県治以来、郷社とし其他の五社は皆村社とし参拾六ヶ村の人民各社の近傍に沿て各氏子たり。然れ共従来戸籍には全島都て高千穂神に氏神と記す故に明治十一年改正の戸籍も則ち氏神は高千穂神社と記すなり。〔永吉（編）　一九五六：五九〕

この史料によれば、近代の沖永良部島にはまず計六社が所在していたとされる。これらは今日も現存しているが、特に「世之主神《よのぬし》」「四並蔵神《よなんぞう》」は、沖永良部の在地系の神格が神社として祀られたものである。この資料にあるように、現地の人々は明治以降、沖永良部島全体の氏神をそのなかの高千穂神社に定めたという。実際、こうした実績があったために、明治四三年には高千穂神社が郷社として認められるとともに、知名《ちな》と和泊《わどまり》の二村に対し三つの村社が置かれている。

沖永良部の人々は右記の六社に基づき、明治以降、奄美のなかでも特に積極的に神社祭祀の整備を行ってきた様子が認められる。次は前掲の資料と関わるが、明治期の沖永良部における神社祭祀のあり方が見て取れる記述である。

一、神官は高千穂に祠官一名祠掌一名其他の五社は祠掌各一名とす。其高千穂社の祠官一名は明治九年の拝命にて祠掌六名は仝十一年の秋更に命す。初明治五六年の頃各社に社祠伶人と云もの数十人本県より命じ有之其輩自然に社祠は祠官伶人に祠掌と称し祭事を掌り名実不適当爰に於て郷村社、神官配置の例に倣ひ其社祠等の内人選を以て更に祠掌六名を命し各社に置き伶人は成規にあらざるを以て自第廃止す。然して従来高千穂神社神官一名、世之主仝一名は民費課出の内にて給料を取るの定めありと雖も方今一般の成規に反するを以て明治十一年以降之を廃す其後各社も人民信仰の訳を以て全島協議更に社倉金穀利益の余分を以て応分に附与すると云。〔永吉（編）一九五六：五九〕

ここにみえるように、沖永良部島では明治初頭より「祠官」「祠掌」あるいは「社祠伶人」等と称する神官を複数名任命し、神社の管理に当たらせたという。こうした仕組みの実態や、それがそもそも誰のどのような意向を受けて実現した制度であるのかは、今のところ資料がないため判然としない。ただいずれにせよ興味深いのは、それらの人事を裏づける予算が、当初より「民費課出の内」として公費で賄っていたものを、それが「方今一般の成規に反するを以て」という理由により、明治一一年以降は「社倉金穀利益の余分」から供出されるようになった、という事実である。補足すればこの社倉は、奄美では沖永良部島にのみみられる文化であり、伝承では文久二年（一八六二）に沖永良部に遠島に遭っていた西郷隆盛が、非常時の備えとして島の役人に勧めたものが原案となって明治初頭に実現したものであるという。結果、沖永良部では早くよりシマを越えて人々の資金を集め、運用する仕組みとしての社倉が起こり、かつ明治一一年以降にはその剰余金をもって神社を運営する体制までも築かれたわけである。

この記述を踏まえれば、沖永良部島の高千穂神社およびその他五社は、明治三九年の勅令第九六号を待つことなく、人々が島全体で祀るべきものとして、いわば既に村社としての実質を獲得していたと理解することができる。

ここに挙げたのは二つの事例に過ぎないが、これを踏まえることで先ほどの、明治四一年(一九〇八)にみえる郷社・村社の数が意味するものは何か、という問いに一つの仮説を示すことができるように思われる。すなわち神社整理の時代に前後して、奄美には民衆自身において、自分たちが島を挙げて祀るべき神社(郷社・村社)をもつことへの積極的関心が一定程度存在したのではないか、ということである。すなわちこうした動機が存在したからこそ、島嶼町村制が敷かれて郷社・村社が指定される段階にも、そうした意向や状況が反映され、結果として過剰な数の神社が取り上げられることとなったのではないか。そしてこれが明治四三年になると、あらためて法とのすり合わせがなされ、国の求める郷社・村社の枠組みに沿った数へと指定が減らされていったのではないか、ということである。こうした歴史像はあくまでも仮説にすぎないが、先のグラフ1に見られる動態についての説明として提起しておきたい。

四　結　論

1　小括

以上の議論を小括し、かつそこからの展望を述べてみたい。繰り返し述べてきたように、奄美群島ではいわゆる小社・小祠を統廃合する事業としての神社整理は、ほぼ行われることがなかったとみてよい。他方、日本本土の各地で神社整理が推し進められていた頃に、奄美で起きていたのは、島嶼町村制による新たな「村」という行政の枠組みの設置と、それに伴う「郷社」「村社」の設置であった。この時、ここで置かれた村社は奄美在来の信仰の流れを汲むものではなく、基本的に薩摩によって政策的に導入された神社であった。翻って在来のノロによる祭祀もまた、神社に置き換えられて小社・小祠に転化していったが、これらは特に組織的に「整理」されることもなければ、逆に社格を得ることもないまま、シマの信仰のなかで維持されていくこととなった。

前節で述べたように、本稿はこうした動きの背景に、奄美の人々自身の「村社」なるものに対する積極的な期待感を読み取る。もちろんここでいう「人々」に関しては、出自や社会階層などに基づいたより精緻な分析が必要であり、奄美の民衆が一様に神社という信仰を希求したと考えるのは早計であろう。その上で本稿がこの点を強調するのは、従来の奄美研究における神社の論じ方に対し、ここでは別の視点を提起したいためである。

再三述べたように、奄美にとって神社への信仰とは一種の外来宗教というべきものである。すなわち薩摩藩や明治政府が、歴史のなかで奄美の民衆を教化する手立てとして、政策的に導入した宗教であって、もともと奄美の人々の生活や伝統に根ざしたものであるとはいえない。ただしこの認識は、奄美の神社信仰を捉えるに際して、その抑圧的側面にばかり注目する傾向を生み出してきたように思われる。もちろんこうした認識は、その後の大日本帝国が歩んだ歴史や、そのなかで「国家神道」が果たした役割を鑑みれば、十分に適当なものであったといってよい。ただその上で、そうした後代の研究者の解釈なり歴史像と、明治四〇年代に「村社」を獲得しつつあった奄美の人々のリアリティや、それが実際に現地社会にもたらしたものの奥行きに関しては、国家神道体制への批判という文脈とは弁別して評価するのが妥当ではないか、ということである。

2　奄美のシマと村社

明治期に奄美の人々が「村社」なるものを求めた理由については、一つは筆者の過去の研究に基づいて説明することが考えられる〔及川　二〇一六〕。筆者はかつて、明治から昭和初頭における奄美の人々の宗教受容をめぐる動態に注目し、この時期に「宗教」と呼ばれるもの全般への関心が高まっていたことを明らかにした。その要因は複合的であるが、経済的貧困や、本土からの差別的視線に加え、従来のノロの宗教文化が衰退したことにより、この時期の奄美の人々が精神的支柱や社会的な倫理規範をもたらすものを求めていたことなどが挙げられる。そのことを反映して、たとえばこの時期の奄美にはキリスト教（主にカトリック）の顕著な受容が認められるが、同時に仏教（浄土真宗など）も教勢を伸ばしていることから、奄美に求められていたのは、いわば「宗教」全般であって、特定の何らかの教義や信念ではなかったことがわかる。筆者はこれまで神社信仰に関してこの問題を掘り下げたことはなかったが、こうした「宗教」への関心と動機づけが、奄美において一方で「村社」なるものへの希求に向かったことは十分考えられる。

ただ、その上で本稿がもう一つ考え併せてみたいのは、この時代の奄美において「村」というスケールが現われたことの意味である。本稿が民俗誌的記述を通じて確認したように、奄美の人々は近世まで、シマと呼ばれる空間に対して強い生活上のリアリティをもっていた。すなわち奄美の人々は、シマで生まれてシマで死ぬものであり、その死後はシマの後背の墓所で、シマの子孫たちによって祭祀されるべきものとして暮らしていた。シマを越える世界とは、それを想像することや、時には行き来することもあったであろうが、そうした広域的な統治は薩摩の役人が多くを握っており、近代以前においては民衆がシマの範囲を越えて何かを思考するべき機会は限られていたのである。

しかしこうした状況は、近代以降少しずつ変化していくことになる。明治時代、日本本土では既に憲法の発布や、限定付きながら選挙に基づいた住民代表による自治が実現しており、その枠組みとしての町村が機能を始めていた。その実現は僻地であった奄美では遅れるが、そうした変化が起きていることまでは情報が届いている。またこの時期、奄美では薩摩系の商人との契約の不法性をめぐる抗争が始まるなど、人々は法治の必要性に目覚め始めてもいた。シマに閉ざされた時代は終わり、より広い「自治体」という枠組みとしての村が、彼らの生活世界に具体的に現われつつあったのである。本稿が後半で挙げた二つの事例は、いずれもシマの範囲を越えた信仰圏をもつ点に特徴があった。このことから推測すれば、この時期の奄美の人々が求めていたものとは、こうしたシマの範囲を越えて、より広域なスケールにおいて人々の意識の結節点となるものであったのではないか。そしてそのような結節点とは、奄美群島に町村が置かれ、実際にシマを越える「村」の範囲をやがて自治する体制の確立に向けて、いわばそうした自治という営みの原型、あるいはテストケースを与えるものであったのではないだろうか。

従来、民俗学や民衆史の立場は基本的に、神社整理を含む近代の神社行政に対して否定的評価を与えてきた。こうした評価は筆者も大枠としては妥当と考えるが、ただし、そのことが住民自身にとってもった意味については、もう少し慎重に評価される必要があるように思われる。本稿で見た奄美の事例にしても、宗教政策としての「神社」の導入とは、全体として奄美文化、特に在来の信仰に対し抑圧的政策であったことは確かに認めるべきである。しかし宗教政策という枠を保留し、この時代が奄美にとって地方自治のスタート地点であったとすれば、そこにおいて「村社」という結節点があり得たことの意味については、別様な評価が必要であるのではないか。そしてさらにいえば、日本において町村という住民自治の空間が成立するにあたり、それが神社（郷社・村社）という宗教性を帯びた媒介をもったこと、それ自体が孕んでいた矛盾こそ、その先における国家神道体制の矛盾へと繋がる問題であったのではないだろうか。

註

（1）奄美群島にこれら中国方面にルーツを持つ民俗文化がまったく皆無であるわけではない。たとえば石敢當などの民俗は奄美にも分布がみられる。奄美と沖縄は本文中に述べたように、そもそも中世には一定の均質な文化圏を形成したとみられる上、そもそも地理的に近傍にあるため、ミクロな文化交渉は常に生じていた。その上で沖縄と奄美の間の人の移動は、社会制度が変化した近代以降に顕著に拡大する。奄美における中国・沖縄系文化の影響の多くは、こうした沖縄系住民の移動に伴って近代以降に生じたものと説明できる。

（2）ただし与論島については、集村的景観を呈するシマと、散村的景観を呈するシマが共に見受けられる。

（3）この表を見ると、奄美大島および徳之島については間切・方・シマ（村）というカテゴリーが明確に運用されていたことがわかる。その一方で喜界島・沖永良部島・与論島に関しては、間切とそれに属するシマの関係は明確ではない。これは奄美大島・徳之島と、それ以外の三島の地理的な差異を反映したものと思われる。奄美の地理学には地理的景観の違いから、これらの島嶼を「高い島」「低い島」の二類型に分類する考え方がある。高い島とはその呼称の通り起伏が激しい島で、奄美大島と徳之島が相当する。一方、低い島とは喜界島・沖永良部島・与論島が相当し、これらはいずれも平坦で起伏の相対的に少ない島である。高い島では複雑な地形のために、隣り合ったシマ同士でも山に隔てられているので陸路での交渉ができず、往来に海を経由していた事例が珍しくない。一方で喜界島などの低い島では、シマ同士がそこまで隔絶されることはなく、シマの中間領域の多くも耕作地として利用され、いわばシマ同士の間に景観上の連続性がある。こうした状況のため低い島に関しては、間切とシマの対応関係が不明確となったものと考えられる。

（4）たとえば与論島出身の郷土史家である栄喜久元は、著作のなかでこの「夜遊び」の民俗について具体的に描いている

〔栄　一九六四：一三八〜一四八〕。

（5）現地在住者による郷土誌類でも、婚姻については、専ら嫁入婚の形式を伝統的な作法として記述しており、遅くとも明治後期から大正期には嫁入婚が一般化していたことが推察される〔渡　二〇一六：六九〜七一〕。

（6）この行事はウヤンコーの他、喜界島北部ではシバサシ（柴差し）などと称されることもある。さらに民俗誌や郷土誌には「祖神祭」などの表記で記録されている場合もある。

（7）アジア歴史資料センター（A03020669800）御署名原本・明治三十九年・勅令第九十六号・府県社以下神社ノ神饌幣帛料供進ニ関スル件。

参考文献

アチックミューゼアム（編）　一九四〇『喜界島阿伝村立帳』アチックミューゼアム

池治誌編集委員会　一九七八『池治誌』喜界町池治区長

及川　高　二〇一四「近代奄美における親族と墓の変容—民俗の変容からみた民衆史の試み—」『沖縄文化研究』四〇

及川　高　二〇一六『〈宗教〉と〈無宗教〉の近代南島史—国民国家・学知・民衆』森話社

及川　高　二〇一九「近代における奄美村落の自治組織およびその連続性—郷土誌資料から見た概要—」『沖縄国際大学総合学術研究紀要』二一（一）

鹿児島県立図書館奄美分館　一九八一〜九二『奄美史料』一一〜一二（鹿児島県大島郡統計書 明治四一年〜大正八年）鹿児島県立図書館奄美分館

蒲生正男　一九七八『増訂　日本人の生活構造序説』ぺりかん社

久野謙次郎　一九五四『南島誌・各島村法』奄美社

栄喜久元　一九六四『奄美大島　与論島の民俗―生活共同体を中心として』私家版

笹森儀助　一九八二(一八九三)『南嶋探験(一)琉球漫遊記』平凡社

瀬川清子　一九六九『沖縄の婚姻』岩崎美術社

薗田　稔　一九八二「神社創建にみる奄美の特性」九学会連合奄美調査委員会(編)『奄美―自然・文化・社会―』弘文堂

竹之下芳雄　一九七一『中間部落誌』私家版

徳富重成　一九八二「ノロ神の変身」南島史学会編『南島　その歴史と文化　第四巻』第一書房

仲松弥秀　一九六八『神と村―沖縄の村落―』琉球大学沖縄文化研究所

永吉　毅　一九七六『沖永良部島地名考　付奄美諸島の小字名』私家版

永吉　毅(編)一九五六『沖永良部島郷土史資料』和泊町

松下志朗　一九八三『近世奄美の支配と社会』第一書房

渡　武彦　二〇一六(一九六一)『復刻　親がなしぬしま』南海日日新聞社

神社合祀の記念碑
――群馬県高崎市大住神社の事例――

時枝　務

はじめに

明治末年、地方改良運動の一環としておこなわれた神社合祀は、日本各地で地域社会における鎮守と小祠のあり方に大きな変化をもたらした。その実態については、これまでに歴史学・民俗学・宗教社会学・文化人類学・宗教学など、さまざまな分野からのアプローチがあり、膨大な研究や報告が蓄積されている。本書緒論を参照していただくこととして、ここでは研究史には立ち入らない。

それは、従来の研究が神社合祀についての研究であるのに対して、本稿は地域住民が神社合祀を地域の歴史のなかにどのように位置づけたのかを論じることを目的としており、研究の目標を異にするからである。

ここでは、神社合祀の事実関係についても報告するが、主題は神社合祀後に建てられた記念碑を論じることにある。神社合祀というムラにとって大きな出来事が、地域住民によって建てられた石碑に、どのように刻まれたかを考察することが最終的な目的である。

本稿では、群馬県高崎市南大類町《みなみおおるいまち》の鎮守である大住《おおすみ》神社境内にある記念碑を事例に具体的な検討を加え、記念碑の意味するところを考察したい。

大住神社の神社合併については、森田秀策による研究があり、高崎市全域のなかにおける大類村の神社合併の動向が詳しく述べられている〔森田　二〇〇三〕。今回取り上げる記念碑についても取り上げられているが、銘文のうち連名などは省略されており、脱字・誤読も認められる。そこで、まずは記念碑の銘文を連名部分も含めて全文を紹介し、ついで森田によって翻刻された大類村役場文書（佐野家文書）に含まれる関連史料によって知られる事実と突き合せ、最後にその結果を総合して、住民の神社合併に対する考え方について考察することとしたい。

一　神社合祀記念碑の銘文

(1)大住神社の神社合祀記念碑

大住神社（写真1）は、『上野国西群馬郡神社明細帳』（群馬県立文書館蔵）によれば、明治四二年（一九〇九）に群馬県群馬郡大類村南大類でおこなわれた神社合祀によって成立した神社で、以来、南大類の鎮守として祀られて現在に至っている。道路に面して設けられた石鳥居を潜り、短い参道を進めば、社殿に至る。社殿は東向きで、その北側、狭い境内のなかに石製の記念碑が建っている（写真2）。

記念碑は、薄い板状の自然石の身部を、やはり自然石の台石上に乗せ、身部の基部をコンクリートで固定している。大きさは、身部の高さ一八九cm、上幅四〇cm、下幅九〇cm、厚さ一四cm、台石の高さ二三cm、幅一〇二cm、奥行七二cmを測る。銘文は、表裏ともに刻まれており、表面に表題・造立趣旨など、裏面に寄進者氏名・金額などが記されている。なお、表面の表題と裏面の寄進者銘などは、沈線の枠に囲われている。また、寄進者銘などは、上下九段にわたって刻まれており、九段目は枠の外になっている。さらに、裏面の紀年銘は、左側に寄り、枠の外に置かれている。以下、長文になるが、銘文を翻刻し、検討の基礎資料としたい。（人名の一部に旧漢字を残した他は常用漢字に置き換え、本文の改行個所は「／」で示した）。

【表面】

（上部枠内・横書き）

記／念／碑

写真１　大住神社

写真２　神社合祀記念碑

（本文・縦書き）

抑御社ハ御成規ニ基キ、明治四十三年一月合祀ノ許可ヲ得、村内ニ／鎮座セル元村社神明宮、諏訪三社、八坂二社、八幡宮、稲荷神社、疱瘡社、／秋葉社ノ十社ヲ当菅原神社へ合祀、社名ヲ大住神社ト改称、境内ヲ／広ケ従来ノ松杉ニ桜樹数株ヲ加へ、外廓ニ金目木ヲ植へ御社ノ風／致ヲ画ス、而シテ宮殿ノ改築ヲ図リ、明治四十四年四月起工シ、同四／十五年三月竣工ヲ告ク、経費千数百円也、茲ニ於テ同年三月十九日／ノ祭日ヲトシ、上棟式及遷座式ノ大典ヲ挙行シタリ、／右ノ顛末ヲ石ニ刻シ、以テ後世ニ伝フ

神功湯々輝六合　威徳満九十八家　　佐野藤原信房書

【裏面・連名】

（第一段）

金七〇、〇　佐野福重
同　天田精一
同五〇、〇　天田貴六
同　甘田傳三郎
同四五、〇　天田麻太郎
同　天田松蔵
同四〇、〇　安中亀太郎
同　泉熊太郎
同三五、〇　新後閑燐蔵
同　佐野傳吉
同　天田遊次郎
同三三、〇　天田吉五郎

（第二段）

金三三、〇　甘田宇十郎
同三一、〇　佐野武八
同二八、〇　天田利作
同　根岸栄三郎
同　新後閑政五郎
同二五、〇　新井勘蔵
同　安中松五郎
同　安中信吉
同　天田房吉
同　佐野和蔵
同　柴田粂太郎
同　天田駒蔵

（第三段）

金二五、〇　甘田全十郎
同　天田京太郎
同二三、〇　新井乙五郎

同　新井茂三郎
同　新井住太郎
同二三、〇　新後閑清吉
同二一、〇　天田益蔵
同二〇、〇　柴田巳之吉
同　天田岩吉
同　天田高八
同　柴田政吉
同　天田大五郎
（第四段）
金二〇、〇　天田相一
同　天田節三郎
同　新後閑常二郎
同　佐野宗次郎
同　甘田新吉
同一五、〇　柴田富吉
同　新後閑多蔵
同　安中右馬

同　柴田喜三郎
同一二、〇　新井浦八
同一〇、〇　佐野常七
同　天田元太郎
（第五段）
金一〇、〇　天田太重郎
同　天田大平
同八、〇　佐野宗五郎
同　米山助作
同　田中ミヨ
同七、〇　泉沢竹弥
同六、〇　新井藤太郎
同　松木福重
同五、〇　沢田鉄五郎
同　根岸岩蔵
同四、〇　天田徹司
同　根岸佐賀吉
（第六段）

金三、五　天田藤蔵
同　佐藤廣衛
同　長井繁太郎
同三、〇　天田佐平
同　根岸文作
同　新井久次郎
同　松谷与次郎
同　吉田文弥
同　甘田藤弥
同二、五　天田代三郎
同　新井友八
同　天田辰五郎
（第七段）
金二、五　安中重太郎
同二、〇　甘田一郎
同　天田徳一郎
同　野口きん
同　泉沢周吉

同　天田竹重
同　根岸和平
同　柴田銀次郎
同　天田宣次
同　太田周蔵
同一、五　田中亀蔵
同　田中長吉
（第八段）
金一、五　新後閑孫也
同一、〇　金子栄吉
同　天田丈吉郎
同　牛込藤四郎
同　松本喜太郎

同　天田丑五郎
同　三十尾利一
同　大矢清作
同　田中フシ
同　佐藤善太郎
同　清水留吉
同　高橋子之吉
同　雨松繁吉
同　新後閑周吉
（第九段）
人口七百一人
内
男三百四十九

女三百五十二
社　掌　高井精一
氏子総代人　佐野福重
同　天田貴三八
同　天田松蔵
同　安中亀太郎
同　新後閑燐蔵
同　新井勘蔵
同　天田房吉
同　柴田粂太郎
同　新井浦八
同　甘田太衛
大工棟梁　米山助作

（裏面左側枠外）
明治四十五年三月建之

(2)銘文の検討

石碑の名称は、単に「記念碑」とあるのみであるが、神社合祀の記念碑であることはいうまでもない。まず、本文の内容を確認し、議論の足元を固めておこう。

その内容は以下の通りである。神社の規則にもとづき、明治四三年一月に神社合祀の許可を得て、村内に鎮座する元村社神明宮・諏訪三社・八坂二社・八幡宮・稲荷神社・疱瘡社・秋葉社の一〇社を菅原神社へ合祀し、社名を大住神社と改称した。その際、境内を拡張し、従来からあった松・杉に欅数株を加えて、外廓に「金日木」を植えて神社としての風致を整えた。そして、本殿の改築を計画し、明治四四年四月に起工し、同四五年三月に竣工した。その経費は千数百円であった。そのような経過を経て、同年三月一九日を祭日として、上棟式及び遷座式の大典を挙行した。右の顚末を石に刻み、それによって後世に伝えようと思う。というものである。

碑文の内容を要約すれば、①明治四三年一月に村内の一〇社を菅原神社へ合祀して大住神社と改称したこと、②境内を拡張して植樹し、風致を整えたこと、③本殿の改築を明治四四年四月に起工し、同四五年三月に竣工したが、経費として千数百円を要したこと、④同年三月一九日に上棟式及び遷座式の大典を挙行したこと、⑤神社合祀の顚末を石に刻んで後世に伝えようと思うこと、ということになる。

つまり、①神社合祀、②境内整備、③本殿改築、④大典挙行、⑤記念碑造立の意趣というわけである。

①から④までが後世に伝える事実関係の記録であるが、いずれも簡潔なもので、見解や感想は一切記されていない。⑤は、記念碑を造立した目的を明確に記したものであるが、なんのために伝えるのかはあきらかにされていない。あくまでも、神社合祀の顚末を後世に伝えるとするのみで、なぜ伝えねばならないのかを明言していない。この点について考察するのが本稿の目的であるが、その作業に入る前に、裏面の銘文についても一瞥しておきたい。

裏面の銘文は、寄付金額と寄付者、社掌・氏子総代人・大工棟梁氏名、紀年銘の三種類からなる。寄付金額と寄付者は、寄付金額順に寄付者名を記すという形式で記録され、全体として連名となっている。

社掌と氏子総代人の天田貴三八・甘田太衛は寄付者に名がみえないが、氏子総代人の佐野福重が七〇円、天田松蔵が四五円、安中亀太郎が四〇円、新後閑燐蔵が三五円、新井勘蔵・天田房吉・柴田粂太郎が二五円、新井浦八が一二円、大工棟梁の米山助作が八円の寄付をおこなっている。したがって、九人は、寄付者と重複することになる。寄付者は計九八人であるので、社掌・氏子総代・大工棟梁と合わせて一〇一人ということになる。うち女性は三人である。銘文によれば、南大類の人口は七〇一人であるので、建碑に直接関係した人は全体の一四・四%ということになる。

ここで、注目しておかなければならないのは、ムラの人口が七〇一人で、うち男が三四九人、女が三五二人であることを、碑文に書き留めていることである。一見、村人の人数を書き留めただけにみえるが、神社合祀が村人全員に関わるものであることを明示している点に留意しなければならない。

ところで、寄付者は家を代表している可能性が高く、戸数がわかればより正確な関与率を算出することができるはずである。現在よりも核家族の比率が低いと推測されるので、一戸の家族数が多かった可能性が高く、一〇一人を一〇一戸に近い数字であるとみることができるように思う。つまり、一四・四%という数字から、大部分の人々が建碑に無関係であったと読むことは正しくないであろう。むしろ、ムラの大部分の家が関与した事業であったとみたほうが、おそらく実態に近い理解であろうと思う。

つぎに、寄付金額をみると、七〇円二人、五〇円二人、四五円二人、四〇円二人、三五円三人、三三円二人、三一円一人、二八円三人、二五円九人、二三円三人、二二円一人、二一円一人、二〇円一〇人、一五円四人、一二円一人、一〇円四人、八円三人、七円一人、六円二人、五円二人、四円二人、三・五円三人、三円六人、二・五円四人、二円九人、一・五円三人、一円一三人で、計一四八〇円で、人数は前記のように九八人となる。金額は、銘文に「経費千数百円也」というのに適合しており、実態とみてよかろう。寄付金額は、最高額が七〇円、最低額が一円で、最高額と最低額の差額は六九円で、一人当たり平均一五・一円となり、村人にとっては大きな負担であったことがわかる。

寄付金額は、寄付者の経済状況をそれなりに反映している可能性が高く、最高額と最低額の差額の大きさは、当時の南大類における階層分化の進行状況を反映していることが考えられる。とすれば、差額の大きさは、階層を超えて寄付行為がおこなわれたことを示しているといえる。石碑造立の担い手は、階層を超えた南大類の人々であった可能性が高く、特定の階層に偏ったものではなかったと推測できる。

また、氏子総代に関していえば、寄付金を支払っていない二人を除けば、平均金額よりも高額の寄付をおこなっており、経済的には安定した階層であったことが予測できる。未払いの二人は、おそらく隠居した身分で、後継者が寄付行為をおこなっているものとみられる。二人の後継者を特定することができないため、実証することができないが、寄付金を支払うことができないような階層に属していたとは考えにくい。

最後に、紀年銘に記された日付は、宮殿が竣工し、「上棟式及遷座式ノ大典」を挙行した時であり、まさに大住神社の社殿が完成した時点である。社殿という建物が竣工した段階で神社合祀が完成したと見做している点に注目しておこう。

二　文書史料からみた合祀過程

大住神社の記念碑に記された神社合祀については、すでに触れた森田秀策の研究がある〔森田　二〇〇三〕が、ここではそこで翻刻された文書を手がかりに、大住神社の神社合祀の過程を辿っておこう。

(1)「神社合併願」の提出

明治四二年(一九〇九)一一月三〇日の「神社合併願」によれば、字村南の村社神明宮、字渕ノ上の無格社諏訪神社と無格社八幡宮、字峯岸の無格社諏訪神社、字館西の無格社諏訪神社、字稲荷の無格社稲荷神社の六社を、「従来ヨリ所有財産僅少維持困難」であるので、字館前の無格社菅原神社へ合併して大住神社と改称し、「維持方法ヲ確定シ、永遠ニ祭祀崇敬ノ実ヲ挙ケ度候」と、各社の氏子総代人連名で群馬県知事神山閏次宛に願い出た。

被合祀社の状況は次の通りであった。

神明宮が、本社間口一尺五寸・奥行二尺、拝殿間口四尺・奥行一間、境内四五坪官有地、氏子八二戸。

渕ノ上の諏訪神社が、本社間口七尺・奥行八尺、拝殿間口二間半・奥行一間半、境内八一坪官有地、信徒二八人で、境内末社として八坂社・疱瘡社・秋葉社が祀られていた。

峯岸の諏訪神社が、本社間口四尺・奥行四尺五寸、拝殿間口方二間、境内九八坪官有地、信徒二六人。

館西の諏訪神社が、本社間口二尺五寸・奥行四尺、拝殿間口二間・奥行一間、境内七五坪官有地、信徒二〇人。

稲荷神社が、本社間口二尺・奥行四尺、拝殿間口一間四尺・奥行四尺、境内四五坪官有地、信徒二六人。

八幡宮が、本社間口三尺・奥行五尺、境内四七坪官有地、信徒一人であった。

ちなみに、合祀先の菅原神社は、本社間口一尺五寸・奥行二尺五寸の石祠、境内四六坪官有地、信徒八二人であった。菅原神社の信徒数が、村社である神明宮の氏子八二戸と近い数字であるのは、信者層の厚さを示すものであろうが、実態であったのかは疑問が残る。なお、菅原神社が石祠であった以外は、木造の小祠であったとみてよかろう。

不審なのは、村社神明宮を無格社菅原神社に合祀しようとしていることで、神明宮の氏子が八二戸であるのに対して、合祀後の大住神社も八二戸の氏子が予定されていることである。そこで、他の項目を比較すると、神明宮が境内四五坪で官有地であるのに対して、合祀後の大住神社は境内官有地四六坪・民有地三三八坪で、大住神社のほうが広いことがわかる。しかし、そこには「菅原神社境内ハ四十六坪ニシテ、三百三十八坪ハ合併御許可ノ上ハ取拡ケ計画ニシテ、已ニ夫々土地買収ヲ終了」という注記があり、土地買収という方法によって境内を拡張したことがわかる。また、大住神社には「基本金千弐百六拾円也」があるが、「但シ予定ナリ」と但し書きがあり、あくまでも予定であることが判明する。一方、神明宮には、基本金の記載がない。基本金は、合併を前提に村人からの寄付金で賄うことが計画されていたもので、この時点ではまだ徴収されていなかったものと推測してよかろう。

同様に、大住神社の本社は「間口一間・奥行一間三尺」であるが、但し書きによれば「合併御許可ノ上ハ、瓦葺平家建築ノ計画ニシテ、已ニ夫々準備ヲ整ヘタリ」という。拝殿も「間口五間・奥行三間三尺」で、但し書きに「同右」とあるから、建築計画中であったものとみられる。しかし、いずれも合祀の実現が前提となっており、あくまでも準備段階にあったとみねばならない。

つまり、合併して大住神社になる以前の菅原神社は、境内が一坪広いだけで、神明宮となんら変わらない状況にあったとみてよい。

このような状況からみえてくるのは、なんとしても維持管理可能な村社を創出したいという意志であり、それを阻む次のような事情ではなかろうか。神明宮の周辺では土地買収が不可能であったので、村社であるにもかかわらず、維持するための条件を満たすことができなかった。そこで、あえて菅原神社に諸社を合祀して、維持可能な村社大住神社を創ろうとしたというような事情である。

⑵「維持方法設定届」

「神社合併願」の不備を補うべく、「維持方法設定届」が、同日付けで、社掌高井精一、氏子総代人天田房光・安中亀太郎・佐野福重・新井浦八・佐野宗次郎・柴田粂太郎・天田酉蔵・新後閑常三郎の連名で群馬県知事神山閏次に出されている。それは、菅原神社の基本財産に関するもので、次のように記載されている。

一斤参拾円也　現在基本財産金高
一斤千弐百参拾円也　明治四十二年ヨリ明治四十三年四月迄ニ蓄積金見込高
　計金千弐百六拾円也
一金九拾六円也　但シ基本財産ヨリ生スル収入金高
　　内
　金五拾円也　但シ基本財産編入金
　金六円也　　但シ臨時営繕費積立金
　金四拾円也　但シ経常社費及修繕費

「斤」は「金」の当て字であろう。明治四二年一一月三〇日時点での基本財産は三〇円であったが、翌年四月までには一二三〇円の蓄積が見込まれ、計一二六〇円の基本財産の確立が可能で、さらに利息が生じるので九六円の収入が見込まれるというのである。その九六円のうち、五〇円を基本財産に編入し、六円を臨時営繕費積立金、四〇円を経常社費および修繕費に回したいというのである。翌年四月末として、わずか五ヶ月で一二三〇円を集めなければならないわけで、その方法が村人からの寄付によってであるとすれば、楽観的な維持方法の計画であるといわねばならない。しかし、「神社合併願」で「基本金千弐百六拾円也」としている金額と一致しており、集金できる自信があったものとみられる。

(3) 神社合併許可

同年一二月二二日には、群馬県知事神山閏次から「神社合併願」を許可するとの通知があり、大住神社と改称することも認められた。その通知は次のような文面であった。

　群馬県大類村大字南大類村　村　社　神明宮
　　字渕ノ上　無格社　諏訪神社
　　字峯岸　無格社　諏訪神社
　　字館西　無格社　諏訪神社
　　　無格社　稲荷神社
　　　無格社　八幡宮
明治四十二年十一月三十日付願、同村大字同村無格社菅原神社合併、大住神社ト改称ノ件聴届ク
　但シ合併届ノ上ハ三日間内ニ届出ツヘシ
　　明治四十二年十二月二十二日
　　　　群馬県知事神山閏次

二日後の二四日、群馬郡長橋本求は、神社合併を許可することを伝えるとともに、予定される神社明細帳の記載について三点にわたる訂正を求める通達を、大類村長長井兼作に出した。その文面は次のようなものであった。

其村々社神明宮外五社ヲ無格社菅原神社へ合併、大住神社ト改称ノ件別紙ノ通リ指令相也（成カ）候処、合併後ノ予定明細帳、左記ノ通リ訂正御手続キヲ為スモノト認メ許可相成タル儀ニ付、指令交付ノ際此旨示達セラルヘシ
　明治四十二年十二月二十四日
　　　　群馬郡長　橋本　求
大類村長　長井兼作殿

一祭神中健御名方神ヲ建御名方ニ、軻具突知神ヲ軻具突智命ニ訂正スヘシ
一本社社殿ノ建設費、境内取拡、出納ノ手続ヲ為ス事
一基本財産金千二百六十円蓄積満タセハ直シ届出ヲ要ス

合祀許可の条件として、①祭神名の表記の訂正、②境内拡張に対応した建設費への訂正、③基本財産額の訂正を求めたもので、当然郡の指示通りの訂正がなされたであろうと推測される。

ここで訂正を求められた「合併後ノ予定明細帳」は、「神社合併願」に付されているので、念のためそれを掲げておこう。

合併後予定明細帳

群馬郡大類村大字南大類村字館前　　村社　大住神社

一祭神　菅原道真公・大日霎命・建御名方神・宇迦之御魂神
　品陀和気命・須佐之男命・白菟命・軻具突知神
一由緒　往古不詳、明治四十二年十二月廿七日許可ヲ得テ、本村大字南大類村字村南ニ祭祀セル村社神明宮、并ニ同字渕ノ上ニ祭祀セル無格社諏訪神社、同境内末社八坂社・疱瘡社・秋葉社、并ニ同字峯岸及同字館西ニ祭祀セル無格社諏訪神社、并ニ同字渕ノ上ニ祭祀セル無格社八幡宮、并ニ同字稲荷ニ祭祀セル無格社稲荷神社ヲ合祀シ、社名ヲ村社大住神社ト改称シタリ
一本社　間口一間・奥行一間三尺
　但シ合併御許可ノ上ハ、瓦葺平家建築ノ計画ニシテ、已ニ夫々準備ヲ整ヘタリ
一拝殿　間口五間・奥行三間三尺　但シ同右

一境内　四十六坪官有地・三百三十八坪民有地
　但シ菅原神社境内ハ四十六坪ニシテ、三百三十八坪ハ合併御許可ノ上ハ取拡ケ計画ニシテ、已ニ夫々土
　　地買収ヲ終了
一基本金千弐百六拾円也　但シ予定ナリ
一氏子八十二戸
一管轄庁迄距離弐里拾九丁
　以上

郡長は「健御名方神」を「建御名方」神に訂正するよう指示しているが、翻刻された史料では最初から「建御名方神」となっており、「建」が誤植の可能性がある。一方、「軻具突知神」を「軻具突智命」に訂正するようにという指示は、確かに「軻具突知神」とあり、納得できる。

指示された訂正を経て、明治四三年一月三一日には合併済届が、社掌高井精一、氏子総代人天田貴三八・佐野福重・天田酉蔵の連名で出された。写しなので宛名を欠くが、本来は群馬県知事宛であったと推測される。その文面は次の通りである。

　合併済届出年月日
明治四十三年一月三十一日
　群馬郡大類村大字南大類村字館前
　村社大住神社
右社掌　高井　精一㊞

氏子総代人
天田貴三八印
佐野　福重印
天田　酉蔵印

こうして、南大類の神社合祀は完了したが、被合祀社の跡地は小祠が取り除かれ、荒蕪地と化した。南大類では荒蕪地の売却を計画し、明治四四年二月二七日に群馬県宛に許可を申請していたが、同年四月一一日に群馬県知事神山閏次から許可が下りた。被合祀社は、一般の土地と同様に扱われることになり、民有地として開発されることになった。

しかし、伝承によれば、被合祀社のなかにはその後も祭祀が継続したものがあり、祭祀は比較的近年まで続いていたことが知られる〔高崎市　一九九七〕。渕ノ上の諏訪神社は、本来コウチの神社であったが、現在は天田家の屋敷神として祀られている。館西の諏訪神社は、武田信玄が置いていったという御魂石をご神体としているが、神社合祀に際してご神体は渡さずに保管し、以後跡地に藁でお仮屋を作り、毎年一二月一五日の屋敷神祭りの際に祀った。峯岸の諏訪神社は、合祀後も大住神社の当番を中心に、毎年三月と九月の一九日に祀った。戦前にはおこわをふかして供えたという。小祠は移転されたが、祭祀は継続されたわけで、おそらくお仮屋を設けたものであろう。八幡宮は天田家の屋敷神として祀られている。神社合祀を契機に個人の屋敷内に移されたものと、跡地にお仮屋を設置して祭祀を継続したものがあったことが知られるが、いわゆる復祀の事例はみられない。

(4) 社殿改築と境内拡張

神社合祀が一段落着くと、大住神社の社殿改築と境内拡張をめぐる動きが活発化するので、その動向をみておこう。

明治四三年二月七日、大住神社社掌高井精一、氏子総代人天田貴三八・佐野福重・天田酉蔵は、群馬県知事神山閏次に「社殿改築願」を提出した。その内容は、大住神社の「社殿ハ元来石造ニシテ狭隘ナルヲ以テ、今般氏子一同協議ノ上別紙図并ニ仕様書ノ通リ改築致ス事ニ相成候条御許可被成下度、此内社殿ノ図面相添ヘ此段奉願候也」というもので、書類の末尾には大類村長長井兼作の「右相違無之候也」の一文が添えられていた。石祠から木造社殿への改築は、改築とは名ばかりで実質的な新築であったことは、いうまでもなかろう。

同日には、やはり同一人物らから県知事に、「村社大住神社境内取拡願」が提出された。その文面は下記の通りであった。

村社　大住神社

村社大住神社境内取拡願

群馬郡大類村大字南大類村字館前

一官有地四十六坪　　現在境内

今回増加スヘキ土地、左ノ如シ

仝郡仝村仝大字字館前六百九十九番

一田三畝十四歩外畦畔三歩　元菅原社持

仝郡仝村仝大字字仝所七百番

一畑二畝二十歩外畦畔三歩　同右

仝郡仝村仝大字字仝所七百一番

一畑二畝十一歩外畦畔五歩　同右
仝郡仝村仝大字字仝所六百八十九番
一田十九歩外畦畔三歩　同右
仝郡仝村仝大字字仝所六百九十番
一田一畝十一歩外畦畔四歩　同右
仝郡仝村仝大字字仝所六百九十一番
一田二十二歩外畦畔三歩　同右
仝反別一反一畝六歩　此坪四百三坪
外二十一歩畦畔

右神社ハ、御許可ヲ得テ、村社神明宮外五社合併ノ結果、祭典執行ノ際ハ多数ノ氏子信徒参集、然ルニ単ニ矮小ナル石祠ノ本社ノミニシテ、拝殿幣殿等ノ設備無之、祭式執行上ハ差支不都合不少、斯テハ御神威ニモ関シ恐入ル活動ニ基キ、此際別紙ノ通リ社殿ノ改築計画中ニ候条、前記社有地ヲ境内ニ編入取拡ノ必要ヲ認メ候間、実地御検査ノ上願意御聴許御成(相カ)、本地形図并ニ社殿計画図相添、此段奉願候也

明治四十三年二月七日

右神社々掌　高井　精一[印]
氏子総代人
天田貴三八[印]
佐野　福重[印]

群馬県知事神山閏次殿

天田　酉蔵㊞

右相違無之候也

大類村長　長井兼作㊞

此ノ書面ニハ土地台帳謄本ヲ添ヘタリ

大住神社の社殿を改修する理由は、「祭典執行ノ際ハ多数ノ氏子信徒参集、然ルニ単ニ矮小ナル石祠ノ本社ノミニシテ、拝殿幣殿等ノ設備無之、祭式執行上ハ差支不都合不少、斯テハ御神威ニモ関シ恐入ル活動ニ基キ」というもので、氏子が集まる際に十分な広さが確保できず、本社が石祠で、拝殿も幣殿もない状況ではあまりにもみすぼらしく、神威を傷つける結果になりかねないという判断がなされた結果であった。しかし、その前提として、基本財産を確立して、それにふさわしい鎮守を創出し、神社整理を乗り切ろうというムラの意志があったことは疑いない。

五月一四日には、「神社境内取拡出願ニ対シ別紙図面必要ノ趣キニテ調整」して、氏子「総代人」佐野福重から群馬郡長橋本求に提出した。郡は県に報告したと推測できる。境内拡張の実態を把握したい行政の思惑がみえてくる。

大住神社の改築に際しては、住民からの寄付金の徴収が実行され、その詳細を記録した「村社大住神社改築費収納原簿全」が編集された。そのなかに、全戸から徴収した意味についての記載があるので、「結言」部分を示しておこう。

結言

明治四十年二月本県訓令甲第九号ノ趣旨ニヨリ、各神社基本財産ヲ貯蓄シ、維持ノ方法ヲ設定シ、永遠ニ祭祀崇敬ノ実ヲ挙ケントスルニ当リ、本村各神社ハ何レモ従来ヨリ所有財産僅少ニシテ維持困難ニツキ、各神社氏子ノモノ一同協議ノ上、本村字館前無格社菅原神社へ此神社ヲ合併シ、社名ヲ大住神社ト改称ノ儀出願セシ処、明治四十二年十二月二十二日御許可相成タリ、然ルニ菅原神社ハ境内及ヒ社殿トモ狭隘ナルヲ以テ、氏子一同協議ノ上境内ヲ取拡ケカツ社殿ヲ改築ノ事ヲ決定シ、其ノ筋へ調書ヲ提出シタリ、右ニツイテ土地ノ買収及ヒ社殿改築ノ費用ヲ要スルニヨリ、明治四十三年　月　日又タ氏子一同ノ協議ヲ考シ、別記金額ノ通リ決定シ徴収スル事ト為セリ、而シテ該割当標準ハ明治四十三年度村税負担ノ戸別割リ等級表ニヨリ算出セシモノニシテ候ヤ、各自負担格ヲ標示スレハ別記ノ通リナルヲ以テ、此ノ帳簿ヲ収納原簿トシ、永久保存ニ供スルモノナリ

明治四十三年九月　日

群馬郡大類村大字南大類村

村社大住神社氏子総代

ここで、注目されるのは、末尾の「此ノ帳簿ヲ収納原簿トシ、永久保存ニ供スルモノナリ」ということばである。寄付金の金額が、所得にもとづいて作成された等級表によることが述べられているが、氏子一同の協力のもとに計画通り実現したことが謳歌されている。また、神社合祀に対する南大類の氏子の対応が、簡潔に述べられていることも注目される。

九月一日には、二月七日に提出した「社殿改築願」と「境内取拡願」に対して、群馬県知事神山閏次からそれぞれ「聴届ク」という返答があり、願い通り許可された。但し、改築については、「落成ノ上ハ五日以内ニ届出ツベシ」と迅速な届出が求められた。

ところが、県下各地で大洪水が発生し、社殿改築は思うように進まなくなった。そこで、九月二〇日に神社総代人天田貴三八・佐野福重・天田酉蔵から群馬県知事神山閏次に提出されたのが、以下に示す「追願書」である。

追願書

群馬郡大類村大字南大類村　村社　大住神社

右神社々殿改築願ノ儀、本月一日付ケニテ御許可相成候ニテ直チニ着手、右築品材料購入見込ノ分夫々各材木商店ニツキ代価聞合セ候処、本月中ノ大洪水ニテ交通杜絶ノ為メ材木価格品ニヨリ約三割方モ騰貴シ、加之ニ物品ハ欠乏シ、故ニ計画ニ苦心罷在候、然ルニ右神社合併跡地ニ存在スル立木ヲ伐採シ築品ニ流用致シ候得ハ、右神社ノ利益ト云ヒ且ツ築品ニ充当ナルモノヲ得ラルル見込ミニテ、何卒今回ノ事情特別ノ御詮議ヲ以テ、先般出願致シ置キ候荒蕪地譲与願ノ儀至急御許可被成下度、此段奉願候也

明治四十三年九月二十日

右神社総代人

天田貴三八㊞

佐野　福重㊞

天田　酉蔵㊞

群馬県知事神山閏次殿

この史料によれば以下のようである。大洪水の影響で材木の価格が騰貴し、交通の途絶などによって資材も欠乏するようになり、当初の予算では対応できない状況になった。そこで、被合祀社の跡地にある樹木を伐採し、それを社殿の材木として利用することで、この難局を切り抜けたい。ついては、すでに出願している「荒蕪地譲与願」について、速やかに許可していただきたい。というのである。大洪水は八月中から発生していたが、南大類では被害がなかったようで、九月になって県下各地で大洪水が起こっていることを知ったようである。「本月中」といっているの

はそのためと考えられる。いずれにせよ、このままでは鎮守改築が難しくなるという危機的な状況認識が氏子総代に共有され、被合祀社跡地の樹木伐採に動いたということであろう。

「荒蕪地譲与」の許可が下りたのは、年も迫った一二月二〇日のことで、但し書きには「売却代金ヲ基本財産ニ編入ノ義処分後三日以内ニ届出ツヘシ」とあって、県では伐採した樹木は売却されるものと考えていたことがわかる。しかも、県は公売に関して条件を付したが、それは次に引用するように七ヶ条に及ぶものであった。

記

一公売ノ件ハ期日前七日以上、可成広ク各所へ広告スルコト
一公売ハ神職自ラ是レヲ執行シ、総代人必立会スルコト
一公売期日ハ予メ報告セシメ、当日地元村長立会ノコト
一落札セシムヘキ予定価格ハ、知事ノ許可シタル最低価格以上ニシテ、時価相当ノ価格ナラシムルコト
一売却契約書ニハ総代人ノ外、必其神社神職ヲシテ、之ニ調印セシムヘキコト
一売却代金受領ノ上ハ、直ニ神社名ヲ以テ郵便官署又ハ金庫ニ預托セシムルカ、然ラサレハ公債証書ニ換ヘ、郵便官署ニ保管委託ヲナササシムルコト
一売却代金ハ悉皆基本財産ニ編入シ、知事ノ許可ナクシテ直ニ費消セシメサルコト

こうして、被合祀社跡地の売却手続きは着々と進められ、明治四四年四月一一日に群馬県知事神山閏次から許可が下りたが、「処分済ノ上ハ三日以内ニ届出ツヘシ」という但し書きが付された。土地の売却と樹木の伐採は順調に進んだようで、五月一一日には「神社合併跡譲与土地立木伐採済御届」が、神社社掌高井精一、氏子総代人佐野福重・天田貴三八・天田松蔵から出された。写しのため宛名を欠くが、群馬県知事神山閏次に提出されたものとみてよく、

文面は次の通りである。

神社合併跡譲与土地立木伐採済御届

群馬郡大類村大字南大類村字館前六百九十二番地

村社　大住神社

群馬郡大類村大字南大類村字村南六百十九番

一荒蕪地一畝十五歩　外五筆

合反別一反二畝十七歩

此地上立木合計八十一本

此ノ売却代金一百円也　明治四十四年五月十日高崎銀行へ預入レ

右ハ売却済御成候ニテ、前記ノ売却代金基本金へ編入仕候間、此段御届申上候也

明治四十四年五月十一日

右神社々掌

高井　精一㊞

氏子総代人

佐野　福重㊞

天田貴三八㊞

天田　松蔵㊞

被合祀社跡地の荒蕪地は、六筆の合計面積一反二畝一七歩で、その立木の合計は八一本であった。その売却代金は一〇〇円で、基本財産に繰り込まれたことが知られるが、土地代と立木代の細目は不明である。一〇〇円は当時とし

ては大金であり、この収入により、社殿改築をめぐる経済的な問題は解決されたようである。

そして、遂に念願の社殿が落成し、明治四五年二月二四日に「社殿改築落成届」が神社社掌高井精一、氏子総代人天田貴三八・佐野福重・天田松蔵から、群馬県知事神山閏次に出された。その文面は次の通りである。

社殿改築落成届

群馬郡大類村大字南大類村字館前　村社　大住神社

右社殿御許可ノ上改築中ノ処、今回全部竣工仕候条、此段及御届候也

明治四十五年二月二十四日

右神社々掌

高井　精一印

右氏子総代人

天田貴三八印

佐野　福重印

天田　松蔵印

群馬県知事神山閏次殿

こうして、大住神社を創出することで、南大類は鎮守を失うことなく、神社整理の荒波を乗り越えたのであった。

三　神社合祀記念碑造立の意味

⑴碑文と文書の比較

さて、文献史料によって南大類の神社合祀の実態を詳細に知ることができたが、以下それを踏まえて神社合祀記念碑が造立された意味を考えてみたい。そのための作業として、まずは碑文と文書を対比し、それぞれが語る内容を検討することから始めたい。

第一に、南大類の神社合祀について、碑文は明治四三年（一九一〇）一月に村内の一〇社を菅原神社へ合祀して大住神社と改称したとするが、明治四二年一一月三〇日の「神社合併願」によれば、合祀されたのは、字村南の村社神明宮、字渕ノ上の無格社諏訪神社と無格社八幡宮、字峯岸の無格社諏訪神社、字館西の無格社諏訪神社、字稲荷の無格社稲荷神社の六社であって、渕ノ上の諏訪神社の境内末社である八坂社・疱瘡社・秋葉社を加えても九社で、一〇社とはならない。神社合祀に関連する一〇社ということであれば、大住神社の鎮座地にあった字館前の無格社菅原神社をも数えることが可能であるが、実際には菅原神社は合祀対象ではない。しかし、大住神社成立後、菅原神社は実質的になくなったのも同然とする意識があったとしても不思議はなく、一〇社としていることに深い意味がある可能性が指摘できる。当時、ムラ人のなかに、大住神社の成立と同時に、一〇社の神社を失ったという意識があったかもしれないが、そのことを実証することは難しい。今は可能性を指摘するのみに留めておこう。

第二に、大住神社の境内整備について、碑文は境内を拡張して植樹し、風致を整えたことを述べるが、文書では、境内の拡張については明治四三年二月七日の「村社大住神社境内取拡願」などによって詳細を知ることができるが、植樹や風致の整備については何等知るところがない。むしろ樹木の伐採について記録されていることはすでにみた通りである。碑文には、それまでの松・杉に新たに桜数株を植樹し、「外郎」（社殿の周囲ということであろうか）に「金目木」（金木犀であろうか）を植えたことが記されている。大住神社には現在も桜があり、毎年春になると花を咲かせているが、神社合祀の際に植えられたものかもしれない。初代の桜でないとしても、桜の花がある鎮守の姿は、大住神社創建とともに始まったことは疑いない。そのことが碑文のみにみえることに注目したい。

第三に、本殿改築であるが、碑文には本殿の改築を明治四四年四月に起工し、同四五年三月に竣工したが、経費として千数百円を要したことが記される。それに対して文書からあきらかになるのは、明治四三年二月七日の「社殿改築願」の提出、九月一日の県からの許可、九月の「村社大住神社改築費収納原簿全」に記された寄付行為、大洪水にともなう九月二〇日の「追願書」、一二月二〇日の「追願書」に応じた県からの「荒蕪地譲与」の許可、明治四四年五月一一日の「神社合併跡譲与土地立木伐採済御届」の提出、明治四五年二月二四日の「社殿改築落成届」の提出といった諸点である。碑文にみえる明治四四年四月の起工も、同四五年三月の竣工も、文書では確認できない。起工は「荒蕪地譲与」の許可と「神社合併跡譲与土地立木伐採済御届」の提出の間、竣工は「社殿改築落成届」の提出後ということになる。しかも、竣工が三月であるのに、「社殿改築落成届」が二月二四日というのは、前後関係が逆である。実際の竣工に先立って書類が群馬県に提出されたのであろうか。社殿の竣工の年月日は、碑文と文書の間に矛盾があり、どちらとも決めかねるのが現実である。また、経費は基本財産の一二六〇円と近いが、基本財産は社殿建築費ではなく、流用できない性格のものであり、とすれば改築費がどこから捻出されたのか気になるが、明瞭ではない。

第四に、大典挙行であるが、碑文には同年三月一九日に上棟式及び遷座式の大典を挙行したことが記されているが、文書で確認することはできない。そもそも三月一九日の時点で上棟式が執行されたのであるとすれば、いまだ社殿が竣工していなかったと判断できるわけであるが、すでに二月二四日には県に「社殿改築落成届」が提出されており、あきらかに矛盾する。三月一九日におこなわれたのは竣工式であって、上棟式ではなかったと考えたいが、実証することは困難である。それに対して、遷座式であればそうした問題からは解放されるが、どこから遷座したのであろうか。おそらく仮に安置した場所があるのに違いないが、碑文からも、文書からもその辺の事情を知ることができない。

第五に、記念碑造立の意趣であるが、碑文には神社合祀の顚末を石に刻んで後世に伝えようと思うことが明記されている。このことが文書で確認できないことは、ある意味無理もないことではあるが、対比することができないのは残念である。

このように、碑文から知られる情報と文書からあきらかになる情報は、性格が異なっていると判断されるが、碑文と文書を作成した担い手はほぼ同じ氏子総代を中心とした人々である。ということは、碑文で伝えたかったことと、文書に残された事実は、そもそも最初から異質なものであった可能性がある。

なお、氏子総代であるが、文書に出てくるのは、最終段階では佐野福重・天田貴三八・天田松蔵の三人である。ところが碑文に出てくるのは佐野福重・天田貴三八・天田松蔵・安中亀太郎・新後閑燐蔵・新井勘蔵・天田房吉・柴田粂太郎・新井浦八・甘田太衛で、七人多い。彼らの地位を確認すべく、明治四二年一一月三〇日の「神社合併願」で旧村社であった神明宮の氏子総代をみると、天田房光・安中亀太郎・佐野福重・新井浦八・佐野宗次郎・柴田粂太郎・天田酉蔵・新後閑常三郎で、佐野福重・安中亀太郎・柴田粂太郎・新井浦八の四人が重複することから、神明宮の氏子総代が含まれていることがわかる。

つまり、鎮守が神明宮であった頃の氏子総代で、大住神社創建時まで立場を維持していた人物がいたことが知られるのである。ということは、かつての氏子総代の子孫が新たに氏子総代に就任している場合が予測されるわけで、たとえば天田松蔵は天田酉蔵の後継者であると推測できる。また、佐野宗次郎は字峯岸の諏訪神社と字稲荷の稲荷神社、新後閑常三郎は字館西の諏訪神社の氏子総代を勤めていた。つまり、大住神社の氏子総代は、神明宮などの氏子総代経験者、あるいはその継承者が大部分であったということである。

⑵語りの差の意味

このように、碑文と文書では、記録された内容に差が認められた。碑文と文書を対比して示すと、被合祀社数一〇社と六社、植樹と境内拡張、起工・竣工と願書・届出提出、大典挙行と無記載、記念碑造立と無記載ということになろう。

さて、碑文の語りの意味を解明するためには、文書の性格をあきらかにしておくことが大事であろう。文書は、氏子総代らが提出した願書や届出と、群馬県・群馬郡・大類村が交付した許可や行政指導の公文書からなる。前者と後者では、やや性格を異にするが、行政機構を利用してやりとりした文書であることで共通している。つまり、これらの文書は、神社合祀政策という制度ゆえに必要とされたものであり、典型的な公文書である。そもそも、地方改良運動において神社整理政策が打ち出されなければ作成されることのなかったものであり、文書の背後に政策を遂行した国家の存在があることが指摘できる。

このように文書が公的な性格をもっているとすれば、対する碑文は私的なものであり、ムラ人の立場を反映したものであると考えられる。私的とはいうものの、あくまでもムラという集団の意志を体現したもので、決して個人的なものではない。ただ、公文書とは異質なムラを担い手とした記録であることは疑いなく、その限りにおいて公私の違いを読み取ることができよう。

　また、神社合祀という観点からすれば、文書は神社合祀を推進した行政を中心に作成されたものであるのに対して、碑文は神社合祀を余儀なくされたムラの記録として位置づけることができる。神社合祀記念碑であるが、同時に合祀された側の記録としての側面をもっていることに、注意を払う必要があろう。文書は、神社合祀の手続きを進めればおのずから作成される制度的な所産であるが、碑文は事件を後世に伝えようとするムラの意志があって初めて作成されるものである点に、大きな違いがあるといえよう。

　碑文と文書の相違点は、こうした史料の性格を反映したもので、そこから記念碑造立の意図に迫ることができるのではなかろうか。

　再度、碑文の内容を確認しておくと、神社合祀・境内整備・本殿改築・大典挙行・記念碑造立の五点が記されているが、境内整備以下はすべて神社合祀の結果であることはいうまでもなかろう。境内整備・本殿改築は、大住神社の創出と関連する出来事で、基本財産を具備した村社を生み出さなければ南大類が鎮守を失ってしまう、という危機を回避するためにおこなわれたことである。

　実際大類村では、明治四四年八月五日に下大類の村社熊野神社、同年九月二六日に中大類の村社降照《ぶってん》神社が柴崎の進雄《すさのお》神社に合祀され、下大類と中大類は鎮守を失った〔森田　二〇〇三〕。南大類も鎮守喪失の危機に瀕していたことは疑いない。大典挙行はそうした危機を無事回避したことを祝福するもの、記念碑造立はそれら一連の出来事を記録するものであったが、安堵感に裏づけられたものであったことは容易に推測できる。そして、記念碑に寄付金額と寄付者氏名が刻まれたことは、ムラ人の協力の実態を記録したものといえる。

　つまり、行政によって挙行された神社合祀は、それまでの南大類の村落祭祀のあり方を破壊した。一時は、村社神明宮の存続が危ぶまれ、南大類は鎮守を失う危機に直面した。そこで、神明宮の氏子総代を中心に、被合祀社の氏子総代が結集し、新たに大住神社を創建するという思い切った打開策を打ち出した。それまでの村社であった神明宮では十分な境内地が確保できず、問題を解決することができないので、村社を無格社菅原神社に合祀することによって問題の解決を図ったのである。問題は、基本財産と維持方法を確立することであり、それさえ解決できれば鎮守を失わずに済むと判断したのである。基本金は、ムラ人からの寄付で賄い、さらに村社としての威容を保つために境内整備と本殿改築が実行されたのである。そして、遂に大典を挙行し、それら一連のことを記録した記念碑を造立した。

このように読み解くと、記念碑造立の意図はあきらかであり、単に神社合祀から大典挙行までの経緯を記録するだけではなく、ムラ人が結束して基本財産を蓄積したことで鎮守を維持できた事実を示したのである。行政という外部からの介入に抗すべく、南大類のムラ人は、それまでの伝統的な村落祭祀を柔軟に改変し、大住神社を中心とした新たな祭祀体系を樹立した。こうして、鎮守を神社合祀から守った歴史は、忘れてはならないものであり、ムラ人の誇りであるとともに教訓であった。それは記念するにふさわしい出来事であったといえよう。

さて、それでは、ムラ人にとって神社合祀とはなんであったのであろうか。上述の経緯をみればあきらかなように、一言でいえば災難であったのではないか。国家の意向によって伝統的な村落祭祀を破壊され、しかもムラ人の自助努力で鎮守を守らなければならなかった歴史は、人災そのものであった。神社合祀記念碑は、近代の記念碑のなかでは、災害記念碑に類するものとして位置づけられるのではなかろうか。

おわりに

以上、南大類の大住神社の神社合祀の記念碑について検討を加えてきたが、その結果、ムラ人の神社合祀に対する考え方の一端があきらかになった。それは、神社合祀は、ムラ人が望んだものではなく、国家の政策によってもたらされた外在的な出来事であったということである。記念碑は、鎮守喪失の危機に立たされた南大類のムラが、鎮守を守るためにおこなった努力を記録し、人々が結集して難局を乗り越えた事実を後世に伝えるために造立されたものであった。大典挙行をもって碑文を終えているのは、その時が画期であったというムラ人の歴史認識を示すものであろうが、行政的な事務処理はそれ以前に終えていた。碑文と文書の相違点は、ムラと行政の認識などの差が現れたもので、生活レベルと行政レベルの認識の違いを反映していると考える。

従来の神社整理の研究は、おもに行政レベルの動向を文書によって精緻にあとづけることに主力があり、それをムラ人がどのように受け止めたのかという点についての追求は十分でなかった。もっとも、復祀など生活レベルの現象への関心と、それにもとづく調査がおこなわれていたにもかかわらず、ムラ人の受け止め方にまで迫ろうとする問題意識は乏しかった。今回は、神社合祀記念碑を題材として、そこから考えられる範囲の検討に終始したが、日記などの活用によって解明するなど、研究方法はほかにもあることはいうまでもない。少なくとも、ほかの神社合祀記念碑に対する分析がなくては、本稿の位置づけさえできかねるであろう。まずは類例の研究の出現に期待したい。

引用・参考文献

森田　秀策　二〇〇三「高崎市域における神社の合併」『新編高崎市史』資料編一四　社寺　高崎市

高　崎　市　一九九七『南大類町の民俗―市域東部の民俗とその変化―』(高崎市史民俗調査報告書第三集)

神社合祀記念事業の地域的形成についての一視角
――上越市大和神社の事例をてがかりに――

畔上　直樹

はじめに

本稿の課題は、明治末～大正期の神社合祀政策を経験した地域社会が、その経験を合祀先神社で記念行事として事業化するという、研究上注目されはじめている事態（以下、（神社）合祀記念事業）について、歴史学・地域社会史研究の立場から、個別事例に即して一分析視角を提示しようとするものである。ただし本稿は、予備調査段階での今後の調査研究の見通しをたてるための試論であることを、あらかじめ断わっておきたい。

本稿は、従来の神社合祀研究でいえば、宗教社会学・近代神道史学の櫻井治男によって開拓・牽引されてきた、神社合祀後の地域社会における「神社復祀」関連事象に注目する実態研究の系譜にあるといえる(1)。ただ、こうした研究系譜につよくみられる傾向、近代化政策による地域神社統制の貫徹如何、とりわけ基層社会の伝統文化のもとでの多種多様で持続的な抵抗による実質的な統制無効化や、統制による文化的喪失の重視という点からすると(2)、合祀をとりあげつつも、その容認を地域社会で確認するかのような神社合祀記念事業が、きわめて扱いにくい素材であることは、一見して明らかである。

写真１　大和神社境内の合祀記念碑　2017.9.15　筆者撮影
左が「合社六拾周年記念碑」(1966年10月)、右が「合社壱百周年記念碑」(2007年10月)

神社合祀記念事業が研究上注目されるようになったのは、ごく最近のことである。近代神道史学の藤本頼生は、合祀政策実施から百年がたち、三重県など合祀が積極的にすすめられたところを中心に各地で神社合祀百年を記念する行事が行われていると指摘し、反対運動がみられたはずの地域社会の状況が一変したとして、これは「新たな地域社会の動向」であると注目した(3)。最近の現象と断じてよいかは後述するとして、藤本の指摘には、神社合祀記念事業の研究には従来の神社復祀研究と分析上異なった視座が必要であるという判断がふくまれていることになる。

ただ、神社合祀記念事業自体は、この百周年以前から存在することに注意が必要である。たとえば、富山県砺波市内の神社でも合祀百年祭実施が複数確認できるが、同市石丸の石丸神明宮百年祭(二〇一三年一〇月)の記念誌には、「合祀五十年式年祭祝詞」(一九六三年)の史料影印が掲載されている(4)。神社合祀記念事業という事象は、藤本の指摘のごとく、地域社会等の現代日本における変化のもと、従来の神社復祀研究の延長線上に単純に議論できないことは確かだとしても、他方でそれは、神社復祀研究の枠組みそれ自体の更新・拡大作業も常にふくみつつ、遂行されねばならないと考えていくことも必要なのである。本稿では、むしろこの後者の点に注目してみたい。

本稿の分析素材としてとりあげるのは、北陸新幹線上越妙高駅ちかく、新潟県上越市大和《やまと》一丁目に位置する大和神社での一連の神社合祀記念事業である。戦前（一九三七年）来、二〇〇七年にいたるまで、記念事業の積み重ねが現在確認できる（写真1）。同社はもともと大字今泉の産土神・稲荷社で、一九〇七年に近隣六大字の神社八社をすべて合祀し、七大字を氏子範囲とする神社となり、その際現在の社名となった。このように、合祀後現在にいたる地域社会の動向のなかで合祀記念事業を検討するのに適した事例である。

予備調査段階であるため、分析のためのてがかりは最小限の一次史料や文献を軸としたものにならざるをえない。基礎情報は、新潟県立公文書館所蔵の神社明細帳[5]と、二〇〇一年の『上越市史』寺社編にまとめられた、現在の上越市の旧市域部分全神社（神社明細帳未登録社も一部含まれる）についての個別現地調査にもとづく、境内設置物記録・地元ききとり記録等から収集した[6]。

同地の合祀実施過程の詳細については、合祀当時に大和神社が位置していた行政村和田村の役場文書中にふくまれる、同村合祀関連簿冊（上越市公文書センター所蔵）によった[7]。合祀への対応をふくむ、大字単位の地域歴史情報については、近年まで各大字単位で存続し大字名を冠していた旧町内会（後述）で、地元に残る史料やききとり等にもとづきまとめられた町内会史（合祀先の今泉、被合祀側の七ヶ所新田と茶屋町）の内容に、多くを負っている[8]。

合祀記念事業の歴史の把握については、同社の日常管理を任されている「堂守」役を現在努めている人物（以下、A氏）宅でききとりをした際（二〇一九年五月一三日）、A氏が現在保管する堂守関連史料の一つ「大和神社沿革誌」を閲覧、その記述を軸としたほか、これまで、同社境内の合祀記念事業関連設置物の実地確認作業等の現地調査を複数回実施している[9]。

一　大和神社の合祀記念事業

1　対象地の概観

大和神社は、近世には高田城下すぐ南方、今泉村の産土神・稲荷社であった。同村を通る北国街道沿い、やや奥まったところに位置し、その場所は中世今泉城の中心部とみられ、一帯は今泉を中心に開発されてきたとされる。明治の大合併で今泉村は当初、中頸城郡下の行政村大和村の一大字となった。後述するように、大和村を構成した七大字が大和神社の合祀範囲である(大和神社の名は、これにちなむ)。ただし合祀当時は、新潟県のさらなる町村合併方針で、大和村は下板倉村・大倉村・国明村と合併して一九〇一年に誕生したばかりの、先述した和田村(〜一九五五年)の一大字であった。今泉は戦後長らく町内会の単位でもあったが、近年の町内会再編で、現在は上越市大和一丁目の一部である(二〇〇一年以降)。

なお、和田村域は現在、今泉等大和神社関係七大字(=旧大和村域)のような上越市分と、妙高市分に分かれている。また、二〇一五年、北陸新幹線開業と同時に神社すぐ近くの信越本線脇野田駅は上越妙高駅と改称され、駅周辺は開発により急激に変貌しつつある。

地形的には、新潟県南西部の沖積平野である高田平野の中央、その西部に位置する。同地は、日本海に北流して向かう関川水系の一級河川である矢代川の左岸、同川が大きく蛇行して西側から直角に同水系の一級河川・関川に流れ込もうとする地点にあたる。矢代川の氾濫のくり返しが大きな被害を同地に歴史的にもたらしていたが、それは同川と関川に挟まれた格好になる行政村和田村全体に、合祀当時「平坦ナル沃野……些ノ丘陵、林野ノ起伏スルヲ見ズ」

（新潟県農会『農村経済調査』一九一一年、一頁）と評価されたような、水田が一面にひろがる豊かな土壌をもたらすものでもあった。他方、今泉をふくめた大和神社合祀関係七大字には、先述の北国街道が国道として通り、これに沿った信越本線（一九〇七年八月国有化）に一九一八年、脇野田信号所（一九二一年に脇野田駅に昇格）が設置されるなど、同地は地方都市高田の近郊農村として、交通の利にめぐまれていた。(10)

戦前期の和田村については、このような条件のもと、全体として高い農業生産力をもつ水田単作地帯かつ、地方都市近郊の条件下での農民的小商品生産の発展や、地主小作分解の極度な進行と在村中小地主の強力な支配といった点が、研究上指摘されてきた。(11) ただ、大和神社合祀関連の諸地域については、後述するように、北国街道沿いの町場の発達、商業の一定の発展がみられた点にも注目しておきたい。

2　大和神社整備過程と合祀記念事業

一九〇七年の合祀・社名改称後、今泉をはじめとする大和神社の合祀関係七大字では、合祀記念事業のほか、現在にいたるまで、同社設備の維持拡充を積み重ねてきた歴史をもっている。この合祀記念事業と同社の設備維持拡充過程をあわせて整理してみたのが、表1である。ここから合祀記念事業の全体を検討しよう。

まず、同地域で明確に合祀記念をかかげた事業は、一九三七年③・一九六六年⑤・一九七六年⑥・一九九七年⑧・二〇〇七年⑨である（丸数字は合祀後一〇年単位にあたる事業（後述）に付した表1の通し番号）。戦前（一九三七年③）から時間をおいて、戦後とりわけ一九六〇年代以降、積み重ねられてきている。また、合祀記念はかかげないが、大和神社合祀との関連が明白な事業をふくむものに一九八六年⑦の事業がある。各大字被合祀社のほぼすべてと、合祀先今泉の旧稲荷社に対応するものをふくむ「各字祠」幟が、「各字氏子中」から奉納されている（「各字祠」については後述）。

表１　大和神社境内設備整備と神社合祀記念事業

整備年	整備・行事内容
1907年	(合祀直後)本殿・幣殿・拝殿・向殿・社務所・社務所玄関・神饌所・鳥居(石造６木造１)を整備(ａ)
①1918年	９月　社号額「大和神社」(個人奉納)(ｃ)
②1927年	この年、手洗所井戸上屋改修(ａ)
1935年	4.29「皇太子殿下御降誕記念事業」表参道　入口「玉棚」(玉垣)造・本殿正面狛犬一対(氏子寄付金による)(ｂ)(ｃ)(※「　」内は(ｂ)による)
③1937年	５月**「大和神社合社三十周年記念事業」**表参道、**大和神社併社三十周年紀念玉垣・階段・参道建設**(ｃ)(稲荷中江用水沿い「玉棚」(玉垣)造(ｂ)とあるのは、これに含まれると思われる)、石碑「大和神社」(個人奉納)(ｃ)
1940年	９月　石碑「紀元二千六百年植紀念樹」(ｃ)
～1941年	1940.11.3～1941.5.7「紀元二千六百年記念行事」…「氏子の総意をへて改築委員会を設立」(建築委員長・七ヶ所新田区長)、各字氏子寄付・縁故者募金(茶屋町・七ヶ所新田・土合・今泉・脇野田・荒町・高田新田・田屋(荒町の一部))(ｂ)、拝殿増改築・本殿幣殿増改築・神饌所修理(ａ) 矢代川から大和小学校児童が各自の名前をいれた玉石を運び本殿の基礎石とする(ａ)、記念神灯・神殿増改築記念碑建設(ａ)(ｃ) 費用をまかなうため和田信用組合より各区長・副区長で借用金(ａ) この年、献灯「八紘一宇」紀元2600年記念(ｃ)
④1947年	５月　神楽殿新築(ａ)(ｂ)(※「　」内は(ｂ)による)
⑤1966年	10月**「合社六拾周年記念行事」**(氏子寄附金による)…本殿社屋増改築・社務所老化改築・拝殿屋根葺替・境内周囲石積・内部の「荘厳改新」・境内参道補修・裏参道「社掮」(社号標)新築・**「六拾周年記念碑」建設**・記念樹植樹(ａ)(ｂ)(ｃ)(※「　」内は(ｂ)による)
1971年	この年、表参道・裏参道コンクリート舗装(ｂ)
1972年	この年、水道取付　長提灯の寄付(ｂ)
⑥1976年	10.8**「合社七拾周年記念行事」**(氏子寄附金495戸分、個人寄付金１名分),本殿御簾・本殿御斎金具の取替・社名旗・板御膳・三宝・神楽面の補増(ｂ)
1981年	10月　神楽殿と社務所の間に渡廊下新設(ｂ)
1982年	この年、太鼓新調奉納(氏子中)(ｂ)
1985年	８月　氏子中による鳥居奉納(ｃ) 10月　1984・1985年大雪により神殿が大きく破損、その修復…瓦葺を銅板に葺替。裏参道入口と合社祠前の二つの石鳥居が危険なため鉄管製に取替、神灯修復、境内整理(経費は「神社基金」による)(ｂ)　献額「雪害修復工事鳥居新設境内整備費寄附者」(ｃ) 11月　1937年整備の玉垣を全部積み替える(氏子中寄付金)(ｂ) この年、稲荷中江用水改修、用水組合により参道石段増設工事と用水の神社側玉垣下に排水路新設施行(ｂ)
⑦1986年	この年、**「各字祠」幟、「各字氏子中」10旗新調奉納**(「稲荷大明神」(今泉)、「諏訪大神」(脇野田)、「虎御前」「五料姫」(荒町)、「諏訪大神」(高田新田)、「神明社」(田屋・荒町の一部)、「諏訪大神」(土合)、「神明社」(七ヶ所新田)、「稲荷大明神」(茶屋町)、「大和神社所有地蔵尊」(七ヶ所新田

	か））、祭礼用大幟「大和神社御祭礼　日月四洲廻照」２旗（氏子中奉納）、銅葺灯籠奉納11基（大和神社氏子中奉納4基のほか個人寄付、基礎部分は神社負担）（ｂ）
1995年	10月　献額　大和神社社務所寄付（高田新田・荒町・七ヶ所新田・茶屋町・今泉・脇野田・土合町内会）（ｃ）
⑧1997年	11月　**記念碑「合社九十周年記念樹」**（個人・氏子中）（ｃ）　**合社90周年記念式典**（ｄ）
⑨2007年	10月　**記念碑「合社百周年記念碑」**氏子中記念事業として碑建立のほか、神職控所新築、胡床新調（筆者現地調査（2017.9.15）による）

〔出典〕（ａ）今泉町内会史編纂委員会編・発行『今泉町内会史　いまいずみ』（2003年）87～94頁、（ｂ）「大和神社沿革誌」（本文参照）、（ｃ）上越市史編さん委員会編『上越市史　別編３　寺社資料１』（上越市、2001年）、（ｄ）茶屋町町内会史編集委員会編・発行『茶屋町町内会史』（2008年）のほか、筆者現地調査より作成。

〔備考〕「整備年」欄…合祀(1907年)から10年単位（満・数え）での行為・事業にあたるものを枠でかこみ、通し番号①～⑨をふった。
「整備・行事内容」欄…合祀記念をかかげた事業（とそれに準ずるもの）は**太字・下線**とした。末尾等の（ａ）～（ｄ）は〔出典〕のそれぞれを示す。
なお、個人奉納物等で省略した内容がある。また、合祀前の今泉の稲荷社（大和神社の前身）施設状況は、本文註（15）を参照。

これも含めて、合祀との関連性が明確な事業は、一〇年単位（満・数え）という周年行事性が明確である。

この一〇年という周年行事性に注目して、合祀との関連が確認できないものも含めて注目すると、表1の通し番号の通り、合祀後一〇周年の一九一八年①が、大和神社整備事業の現在確認しうる最初のものである。二〇周年の一九二七年②、戦後、四〇周年の一九四七年④の事業も確認できる。同社における周年事業自体は、五〇周年を除けば、戦前から存在し、戦後、神社行政制度がなくなった後も、関係地域で続けられてきたことがわかる。そして、合祀後関係地域で定着している、この合祀年を起点とした周年行事の大部分を、合祀との関連性を明確に示した行事が占めているということになる[12]。

合祀記念事業の内容は、他の整備事業とかわらない、合祀先大和神社の維持充実にかかわるものがほとんどである。一九八六年⑦の事業のような、行事の内容に関係大字のそれぞれの合祀に直接かかわる、個別大字の意向をあからさまに含むもののほうが例外であり、かつ、この⑦にしても、あくまで大和神社の大幟の新調等といった、合祀先大和神社の直接の整備にかかわるものとのセットの事業である。

合祀記念事業の費用の調達方法について判明するものをみれば、戦後の一九六六年⑤・一九七六年⑥・一九九七年⑧・二〇〇七年⑨は、詳細はともかく、関係七大字全氏子の拠出(を含む)と判断しうる。これは合祀記念にかぎらない。一九三五年の皇太子降誕記念事業をはじめ、多くの大和神社整備事業資金の捻出は、関係七大字氏子か、(比較的最近まで大字単位であった)町内会による。例外的な一九八六年⑦は、各大字単位の事業と大和神社整備の事業では費用負担の単位が違っているが、後者はやはり全氏子からの資金調達である。

以上のことからみえてくるのは、同社の合祀記念事業が、全氏子によって経費を調達する定期的な合祀先の大和神社の維持拡充事業の柱となっているということである。紀元二六〇〇年のような、特殊な国家的イベントでの大規模な整備拡充や篤志者の寄付は別として、戦前のみならず神社行政制度が存在しない現在にいたるまで、安定した地元経費負担による、合祀後地域神社の営繕の仕組みを支える中心にあったのは、大和神社の場合、合祀記念の名において行われた事業であったといってよい。

さて、合祀記念をかかげて大和神社の設備維持をはかってきたということは、大和神社関係七大字という地域社会が、合祀先神社で定期的に必要となる営繕管理を維持していくのに、そのような形でないと各大字単位での資金調達について同意をとりにくかったのではないか、ということを考えさせる。合祀という大和神社関係七大字が共有する歴史上の経験が、合祀先神社の定期的営繕の費用捻出の合意調達のために有用物とみなされ、活用されつづけていくという、文化的な共有資産化がみられるのではないか、ということである。ある時点で、このような認識による合意形成ルールが大和神社関係七大字に形成・共有されるようになり、合祀記念をかかげた周年行事の形をとって、大和神社整備への氏子の定期的な費用捻出が、独自の神社行政制度の存在しない戦後にかけても、安定的に可能になっていることが想定される。

もちろん、こうした問題を歴史具体的に実証するには、そもそも一九三七年の時点でなぜ、同社の施設整備としての周年事業が合祀記念を明確にかかげるようになったのか等々、具体的経緯の解明が必要である。しかし、各事業実施において作成された史料は現時点ではまだ確認できていない。A氏の話では、最近の場合でも、そうしたものは作成されていないというので、少なくとも堂守関連史料としては、系統的に残されている可能性は低いと考えざるを得ない。そこで次項では、合祀記念を直接銘打ってはいないが、合祀と関係各大字のかかわりが明確に確認できる、合祀八〇周年にあたる一九八六年⑦の事業にまず注目し、そこにてがかりをもとめることで、さしあたり分析をすすめてみることにしたい。

3　一九八六年の事業と大和神社社殿裏の石祠群

合祀先神社の定期的整備に際しての関係地域での資金捻出に、合祀記念をかかげることがとりわけ有効な意味を今にもちつづけているとするなら、それを担保しつづけるなにかが存在していると考えるべきだろう。この点で、先に例外とした一九八六年⑦の事業は、むしろ注目に値する。先にのべたように、この事業では、大和神社の大幟が全氏子寄付で新調される一方、合祀され消滅したことになっているはずの各大字の被合祀社ほぼすべてと、合祀先の今泉・稲荷社の旧社名が書かれた「各字祠」幟が、各大字によって奉納されている。この「各字祠」とは、いったい何なのだろうか。

大和神社拝殿手前から、社殿背面にむかってまわりこむ複数の灯籠をともなった小さな参道がある。大ケヤキのそばの鳥居をくぐると、社殿背面の空間に多数の石祠が同一基壇に整然と配置されて祀られている（写真2）。今泉の町

写真2　大和神社社殿裏の石祠群　2017.9.15　筆者撮影
鳥居は1985年8月建設。右は紀元2600年記念「御神殿改築記念」碑。左端奥の大木は「今泉城跡の大ケヤキ」。

内会史によれば、石祠は大字ごとに整理されてならんでおり、それらの大部分には、被合祀社をはじめとする、各大字にあった神社の社名が割り振られている。合祀先大和神社の前身である稲荷社とされる祠を含む今泉の区画もあり、大和神社の境内空間は、広域の同社氏子の空間と、構成各大字のための空間に二重化していることが明らかである。合祀前の各大字旧社殿と地元で認識される石祠は、現在にいたるまで、大字単位での明確な宗教文化的意味をもって、合祀先神社境内に独自の祭祀空間を形成し、大字ごとに整然と祀られていると考えられる。(13)「各字祠」とは、このようなはっきりした実体をもっているのである。

かつての中頸城郡に大きく重なる、現在の上越市や妙高市での神社の社殿形態において、こうした石祠は、神社明細帳書上当時（一八八四年）にくらべれば減ったものの、現在もポピュラーなものである。(14)詳細は省くが、中頸城郡内神社の明細帳一一五一社分を確認すると、合祀当時（一九〇七年）の社殿が石祠（ないしそれに類する記述）と判断しうるものは、八八八社（七七パーセント、推定も含む）にも及ぶ。本事例がかかわる、同郡和田村の四六社についてみても、後掲表2のごとく、明細帳で合祀当時社殿が石祠の神社（表2の神社名に下線がひいてあるもの）は、大和神社の前身である今泉の稲荷社含め、四二社にのぼる。同村内神社は、氏子信徒数等の規模の大小にかかわらず、合祀当時ほぼ石祠であった。(15)

石祠は、神社というより、民俗学の対象としておなじみの祭神を安置するための家屋形石造物の総称である。近年の民俗学の研究では、石祠も単なる入れ物とみなすべきではなく、それ自体が祈る対象としての意味をもって造立されてきた面が強いと考えるべきだとの見解がだされている[16]。このような石祠をめぐる宗教文化にかんする観点は、先に見たような社殿裏の石祠群をいかに理解するかという点で、きわめて重要である。祭神が合祀され、合祀先神社に統合された形をとったとしても、それを祀っていた神社社殿相当物としての石祠が、単に不要な入れ物になったとは限らない、ということを意味するからである。神社復祀的な観点からみても、こうした石祠の移動・保持を単なる社殿処分とみなさない、慎重な位置づけは重要である。特に、大和神社における石祠群のうち、今泉と茶屋町の二大字住民は、それぞれの稲荷社旧社殿とされる石祠での火災除けの初午行事を、現在も年中行事として行っている[17]。このことは、合祀先の大和神社の境内の石祠群が、被合祀社の大字単位での共同祭祀対象としての性格を持ち続けている可能性を考えさせるものである（次節で検討）。

こうしたことから、合祀社旧社殿とされる石祠群が合祀先で維持されていることは、合祀したことを記念しつづけるという行為の関係地域での有用性を担保する機能を果たしていることが考えられる。

二　合祀記念事業の基底にあるもの

1　石祠群の祭祀空間形成過程と各大字

前節では、合祀記念事業に旧社に対する各大字の持続的な意向も織り込まれているらしいこと、それを担保すると考えられるものとして、合祀前の旧社殿を含むものと関係地域で理解されている、社殿裏の同一基壇上に大字ごとに並べられた石祠群が存在し、大和神社の境内空間は、合祀前からの各大字単位の祭祀空間と重層化して今に維持されてきていることが考えられるとした。

本節では、以上をふまえたうえで、さらに、従来の神社復祀研究で重視されてきた、合祀政策への地域社会の距離感・違和感という抵抗の契機の持続が、大和神社における合祀記念事業の場合も、その基底を支えているとする位置づけを提示する。

まず本項では、合祀をきっかけとする社殿裏石祠群の形成過程と、その祭祀空間的性格について検討する。合祀に際し、旧社殿石祠が大和神社境内に移転する経緯については、七ヶ所新田の町内会史にきわめて重要な記述がみられる。一九〇七年七月二三日「神霊移し」、その翌日に「旧祠を神社へ送る」との記録が町内会関係史料にあるとするのがそれで[18]、同大字伊勢神明社(後掲表2)の大和神社への合祀手続き(「神霊移し」)は、同大字の集団行為として旧社殿石祠(「旧祠」)の合祀先神社への移動を伴っていたのである。用のなくなった石造物というモノの処分とは、まったく異なる意味をもった行為であることは明らかであり、かつ、同様の過程は茶屋町の場合でも存在したと判断されるため(後述)、この過程は七ヶ所新田だけにとどまらない、大和神社関係地域間全体での相互承認を前提とした、大字単位の行為の一つであったと考えられる。大字ごとに整然と整理された、あの大和神社社殿裏石祠群の原型は、この合祀につづいて実行された、各大字の石祠移転という行為を直接的な発端として形成されたと考えられる。

この関係地域間のとりきめがどのようなものなのかは確認できていないが、少なくとも、神社行政上の取り扱いといった公式的性格のものではないことだけは確かである。大和神社に合祀された神社は、その祭神が合祀先の祭神として統合されたことをもって神社明細帳から登録抹消され(被合祀社の明細帳には、全体に登録抹消を示す朱線が引かれている)、公式的には消滅したことになっているのである。大和神社の境内社として明細帳に追記されているわけでもない。

もちろん、合祀政策推進にあたって中頸城郡役所は、管内の神社社殿の多くが石祠の状態であることに注目し、これを問題視していたことは確かである。合祀政策のピーク時よりかなりあとの一九二一年のことになるが、同年七月二三日付『高田日報』記事「一村一社主義　神社統一に関する中頸の方針　神社を中心に青年を統一したい」をみると、同郡役所は、「殊に社殿の如きは祭式を行ふに適せるものは極めは《ママ》小数で甚だしきに至つては僅かに一個の石祠のみにて全く神社の体裁を為さぬものがある、斯くては敬神の実を認め難きを以て須らく社殿の建築改修等神明に対する尊厳を保持するの設備を為し完全なる祭視《ママ》を行はねばならぬ」と、石祠の問題も視野にいれて「郡にては神社を以て精神団結の中心とする優良の自治体を実現せしめんが為めには一町村一社を理想とし之に向つて漸次併合整理を行はしむるの途を講究しつゝある」という、一行政町村一社方針で合祀を推進していた[19]。

ただ、それにもかかわらず、合祀された神社の石祠の処理方法について、同郡役所が具体的に指示した形跡は今のところみいだせない。現時点では、（少なくとも中頸城郡での）このような神社行政のあり方と当該地域社会における石祠特有の宗教文化的特質のはざまで、和田村では合祀関係地域間に合祀社石祠の取り扱いルールが非公式に形成され、合祀先神社境内に石祠群が形成されていったと、さしあたり考えておきたい。

合祀先に移転した旧社殿とされる石祠が、合祀後も各大字にとって共同祭祀対象でありつづけていくということについては、大字茶屋町の町内会史に、町内関連収集文書にもとづく重要な記述がある[20]。茶屋町の神明社・稲荷社を一九〇七年に合祀する際、同大字「重立会」は、今後毎年初午に合祀先の神明社・稲荷社への茶屋町民参拝を取り決めたとされる。両社もやはり石祠であり、合祀の際に合祀先の両社への参拝を大字で決定したという記録は、七ヶ所新田の例もふまえるなら、当然合祀決行とセットで石祠移転が実施されたことも意味していることになる。

合祀の際にこのようなふるまいが顕在化した要因を茶屋町に即して考えると、同大字とその神社のきわめて強い結合関係、その背景としての同大字の性格が重要である。以下、みていこう。

先述の『農村経済調査』報告書(一九一一年)は、「本村〔和田村〕ハ農村ト称スルヲ得可キモ、純粋ナル農村ト目スル能ハズ」とする理由として、「即チ七ヶ所新田、土合、脇野田、今泉、荒町ノ五ケ字民ノ雑居ヨリ成ル所謂茶屋町ト称スル部落ハ、連担櫛比シテ、商業ヲ営ムヲ以テ也」(同書八一頁)という点をあげている。この記述にあるように茶屋町は、他の農村的大字とは異なり、ほぼ合祀区域(すなわち旧行政村大和村域)にあたる五大字に地籍をもったまま、各大字にまたがるように通る北国街道沿いに密集して形成された、商業の町場であった。

しかし茶屋町は、明治期に入り、地籍がないことが自治行政団体として問題視され、最終的に慣習的に大字・区として存続させるという道がとられた。こうしたなかで、団体の一体性を証明するものとして重視されたのが、同大字の神社であった。茶屋町の町内会史に、一部であるが影印とその翻刻が紹介されている、「旧茶屋町中」作成の「紀元二千五百四拾四年明治拾七年甲申四月二日　神明社稲荷社ニ付議定証」において、茶屋町の住民は、「両社氏子中」であることを確認している。(21)

また、街道沿いに密集した商家を連ねる茶屋町は、何度も火災で大きな被害をうけており、町の神社祭礼がもつ意味は大きかった。茶屋町あげての火災予防の初午祈願(各戸五色の色紙に「正一位稲荷大明神」と書いた旗や油揚げをさげる)は、初午日が早い年には「火が早い」として二の午に変更するほどであり、かつ、大字新年総会を兼ねた時期もある同大字の重要行事であった。(22)

以上、第一節でみた石祠自体のもつ宗教文化性を背景に、合祀先をふくむ地域社会の相互承認で非公式に形成されたルールの下で進行したと考えられる、合祀先神社境内への石祠群の空間形成は、(23)茶屋町の例からすると、単に移動してきた石祠の空間であることにとどまらない、各大字の持続的な被合祀社共同祭祀の場の形成を意味していたことが考えられる。このことは、神社合祀記念事業の分析でも、やはり、従来の神社復祀研究が重視してきた、大字など共同祭祀単位による抵抗の契機を重視する必要性を考えさせる。そこで次項では、本項の分析をふまえつつ、より一般的な農村的大字たる、先の七ヶ所新田に即して、同大字で石祠社殿の合祀時の移動と表裏一体をなす、もう一つの合祀対応がみられることをてがかりに、神社合祀記念事業と、神社復祀的な合祀への抵抗の契機の関連性をみてみたい。

2　合祀後の大字単位の動向と神社復祀的な抵抗の契機

七ヶ所新田の町内会史には、伊勢神明社の合祀による石祠社殿移転で残った旧境内地について、重要な記述がある。旧境内地に残る基礎石を、地蔵堂移転の際の台座として利用したとされているのである。この地蔵堂は、近隣や遠方の人々の信仰をあつめる一方、四月の地蔵祭が、七ヶ所新田共同での苗代の代掻き後の午後を休日として行われる大字の重要な祭礼として存続しつづけたとされる。同大字では、伊勢神明社が合祀されても、旧社地に地蔵堂を移し、それを大字の共同祭祀の重要な宗教施設として維持されていったことになる(24)。こうしたことは、それこそ神社復祀研究の注目してきた、持続的な抵抗の契機をもった行為と考えられる。先にみた、同大字での合祀先への被合祀社の社殿石祠の移転は、この神社復祀的な行為と不即不離の関係にある。

これをふまえるなら、前項にみた、合祀先への石祠社殿移転とその祭祀空間の創出とは、やはり、神社復祀における持続的な抵抗の契機という文脈のもとで理解すべき性格の行動であったと、位置づけていく必要があると考えられる。この観点にたって関係地域の大和神社との関係性をみるなら、たとえば、七ヶ所新田の町内会史が、同大字では大和神社祭礼に際し、昭和四〇年代初め頃までは大字独自の趣向で大字に提灯門を設けて祝ったと記し、昭和五〇年代頃まで、幟旗を大字のはずれの地蔵堂入口道路にたてていたと記すことも、神社復祀的な位置づけが可能と考えられる。さらに、そうした提灯門は茶屋町・土合・今泉などでもみられたとされており、同様に理解できる可能性がある。[26] このうち、七ヶ所新田とともに、本節でみてきた茶屋町については、その町内会史に、合祀まもない一九一一年、先述の「重立会」の活動内容として、大和神社春祭りの際に茶屋町内を飾り付け、茶屋町中央に「大国旗交差」掲揚、上組下組（茶屋町はもともと上下に分かれていた）に提灯を点灯したとあり、[27] まさに神社復祀的な性格をベースにもつ行動であった可能性が考えられる。

[25]

三　和田村域全体における神社合祀と合祀記念事業

1　多様な合祀結果と大字越え合祀の例外性

大和神社の合祀記念事業が、合祀政策への各大字単位の距離感、抵抗の契機を基底にもって形成されており、神社復祀研究をふまえた議論と関連させる必要があること、このように位置づけたとき、議論をさらに一歩すすめるならば、持続的な合祀への抵抗の契機が、合祀記念をかかげた事業として、合祀先神社の定期的な整備拡充に逆説的につながっていくメカニズムは、どのような条件で形成されるのかが、問題とされる必要があろう。ここで注目すべきは、合祀記念事業実施という大和神社関係地域にみられる現象は、他の和田村でのケースには確認できないということである。[28] そこで、本節では和田村全体での合祀と合祀後の状況を戦前期を軸に確認し、これを大和神社のケースと比較することに、抵抗の契機が記念事業に現象するメカニズムについてほりさげるさしあたりのてがかりをもとめることにしたい。

第二節でみたように、中頸城郡における神社合祀政策の方針では、行政村一社への志向性はかなり明確なものであった。同郡の行政村和田村でも、大字越えの合祀への動きが当然すすめられていたと考えられる。しかし神社明細帳に記載された、同村の神社合祀実施状況（一九〇七〜一九一八年）を整理してみると、結果はそのようにはなっておらず、多様であった（表2）。行政村和田村一社で統一できていないことはもちろんのこと、大和神社のケースのような、大字越えの合祀実施自体、例外に属する。合祀を実施せず、大字に複数社が存続しているところさえある。

戦前期のほとんどの時期を通じて、大和神社をはじめ同村の神社は、ほぼ戦前期の社格制度の最基底部をなす無格社であった（大和神社が村社に昇格するのは戦時期の一九四一年）。合祀当時は、大字下箱井の産土神・諏訪神社のみが村社であり、同村のなかでは、氏子・崇敬者を多数もち社殿も石祠ではない、規模の大きな神社であった。しかし、和田村の合祀で同社が特別重視された形跡はなく、同大字内無格社の合祀手続きすらしていない。

ただし、中頸城郡における、社格と大字レベルの産土神的存在についての関係の理解には、注意を要するところがある。同郡では、和田村にみたように村社はごく少数で、大字の産土神と村社が対応する形にはそもそもなっていないが、同郡の明細帳記載とその更新・修正記録から判断するに、同郡役所では、無格社を二つのタイプに区別して把握していると考えられる。無格社表記のほかに、大字レベル等の産土神の位置をもつものには「〇〇ノ産土神」といった表記を添え、氏子戸数表記で信者数の表記を統一する―他府県の無格社の明細帳記述では一般的ではない―方針が強くよみとれるのである。以下、これを「産土神無格社」とよぶことにする。他方、産土神表記のない無格社については、一般的な信徒人数記載である。これを以下「無印無格社」とする。(29)

この無格社の郡行政上の区別に注目して表2をみると、和田村の合祀実施状況において、大字一社のままのところの神社は、ほぼ産土神無格社であり、大字内合祀のところも、ほぼ産土神無格社に無印無格社を合祀するものであ

表 2　神社明細帳にみる行政村・和田村内の神社とその合祀(1907〜1918)

旧行政村	①大字	②社名	③氏子信徒	④合祀と備考(＊)
大和村 (現上越市域)	今　泉	**稲荷社●** **→大和神社***	80戸	(＊合祀許可と同時の大和神社に改称許可)
	荒　町	**御霊姫神社●** 虎御前社	78戸 78人	荒町(御霊姫神社・虎御前社)、高田新田(諏訪社)、七ヶ所新田(伊勢神明社)、土合(諏訪社)、脇野田(諏訪社)、茶屋町(稲荷社・神明社)、稲荷社(今泉)に合祀許可、登録抹消(1907.6.7)
	高田新田	**諏訪社●**	22戸	
	七ヶ所新田	**伊勢神明社●**	29戸	
	土　合	**諏訪社●**	19戸	
	脇野田	**諏訪社●**	70戸	
	茶屋町			
	(今泉地内)	稲荷社(●)*	80人	(＊産土神記述抹消)
	(脇野田地内)	神明社(●)*	70人	(＊産土神記述抹消)
下板倉村 (現上越市分)	岡　原	**五社宮●** **→五社神社***	24戸	(＊合祀許可と同時に五社神社に改称)
	中箱井	**神明社●**	26戸	五社宮に合祀許可(1908.3.18)
	下新田	**大己貴社●**	15戸	
	下箱井	**諏訪神社●**	560戸＊	(＊戸数は崇敬者を含むと思われる)※
		大己貴社	77人	(＊下箱井・五ヶ所新田・丸山新田・下新田崇敬の社)
	丸山新田	**諏訪社●**	2戸	
	五ヶ所新田	**諏訪社●**	5戸	
	上箱井	**諏訪社●**	18戸	
	島　田	諏訪社	103人	
		大国主神社*	103人	大国主神社を諏訪社に合併許可(1915.6.25)(＊1888.10.20社籍編入許可)
		白山社	103人	白山社・八幡社を諏訪社に合併許可(1918.4.15)／完了届出(4.29)
		八幡社	103人	
	島田下新田	**諏訪社●**	25戸	
	島田上新田	諏訪社	17人	
	木　島	神明社	80人	
		諏訪社●	80戸	
(現妙高市分)	広　島	**五社神社●***	65戸	(＊産土神記述は貼紙)
		川除神社	65人	川除神社・川除神社・神明社を五社神社に合祀、登録抹消(1907年)
		川除神社	65人	
		神明社＊	65人	
国明村 (現妙高市域)	上百々	**諏訪社●**	30戸	
		板神社	30人	板神社・荒神社を諏訪社に合祀、登録抹消(1909年)
		荒神社	30人	
	月　岡	**八幡社●***	31戸	(＊産土神記述は後筆)

	国　賀	**八幡社●**＊	16戸	（＊産土神記述は後筆）
		諏訪社	16人	
	栗　原	**白山社●**＊	62戸	（＊産土神記述は後筆）
		羽黒山社	62人	↑ 白山神社に合祀、登録抹消（1908年）
大倉村（現妙高市分）	柳井田	**諏訪神社●**＊	72戸	（＊産土神記述は後筆）
		駒方社	72人	↑ 諏訪神社に合祀、登録抹消（1908年）
（現上越市分）	寺　町	**神明社●**	64戸	
		十二神社 諏訪社 明神社	64人 64人 64人	↑ 十二神社・諏訪社・明神社を神明社に合併許可（1907.8.15）
	西田中	**諏訪社●**＊	34戸	（＊産土神記述は後筆）
	石　沢	**諏訪神社●**＊	69戸	（＊産土神記述は後筆）
		二ノ宮社	65人	↑ 諏訪神社に合併許可（1908.5.22）

〔出典〕「新潟県神社寺院仏堂明細帳」新潟県立文書館所蔵
〔備考〕②③網掛けは合祀社、②　村社、他は無格社、**太字●**は「産土神」記述あり、下線は書上当初「石祠」「石碑」等記述あり（いずれも合祀時まで変更はみられない）、③氏子（戸）信徒（人）記載は書上当初のもの、④合祀記述は史料に準じ統一せず。各社①②③の＊は、各社④の備考（＊）を参照。
※下箱井の村社・諏訪神社の明細帳記述は「当村〔下箱井村〕ノ産土神」とあり、氏子数のみでは多すぎるため。

る。このように整理すれば、他府県での大字等の村社クラスの産土神神社存置や、それに大字内無格社を合祀するケースに、和田村の合祀状況も多くのケースで対応しているとみることができる。

2　多様な実施結果の基底に共通する抵抗の契機

ここでは、和田村での合祀の結果、中頸城郡の合祀方針とは大きくズレた多様な状況が生まれたこと、にもかかわらず、その背景に共通して、神社復祀研究が注目してきた地域社会の側の合祀政策への違和感、抵抗の契機がみいだせると考えられることを提示する。

(1) 大字越え合祀の内実

和田村で大和神社のほかに、大字越えの合祀を実行したのは、大字岡原の五社神社のケースのみであった。大字中箱井の産土神無格社・神明社を、岡原の産土神無格社・五社宮に合祀、改称したのがそれである。こうした過程は、旧行政村域と合祀領域が一致するような大きな規模でないことをのぞけば、大和神社のケースと同様だが、岡原の五社神社では、合祀記念事業を現在までのところ確認できない。

和田村役場史料の合祀関係簿冊(30)に、この二つのケースについて、同じ神職によって提出された社号改称願をくらべると、基本的なところは共通しているが、社号改称理由の記述に違いが見られる。五社神社の「社号改称理由書」(一九〇八年三月一七日)は、岡原と中箱井の関係について、「居住民ノ地籍互ニ錯入シ加フルニ軒ヲ接シテ一見一部落ノ観アリ」ということが、理由の第一にあげられている。対する大和神社の「合併神社々号改称理由書」(一九〇七年五月三一日)にはこれがない。後者で強調されるのは、「右九社所在ノ大字ハ皆連接セル区域内ニシテ各社亦祭日ヲ同フシ彼是相関渉《（ママ）》致居リ候」と、単に対象区域の連接性と祭日の同時性である。

この断片的な記述からの暫定的な判断ではあるが、五社神社の場合は、大和神社よりも関係大字間の融合度がより高かったのではないか、とさしあたり考えられる。ただし、そのことは二大字が一体化していたとまではいえない。『上越市史』での調査だと、社殿内に神明社・五社宮があることが確認されており(31)、おそらく前者は中箱井のそれであろう。やはり石祠が神霊のない単なるモノとして扱われているとは考えにくく、抵抗の契機それ自体は存在すると考えられる。ただ、契機は存在するが微弱であった、ということである。

(2)大字内合祀と大字内複数社存置の内実

表2をみると、大字内合祀で一大字一社化するケースは村内にいくつもみられる。このうち、合祀決行時期がかなり遅れ、かつ二段階となった、大字島田の諏訪社への大字内の無印無格社の合祀過程(一九一五年一社合祀、一九一八年二社合祀)については、先述の和田村役場の合祀関係簿冊で、具体的なところがある程度判明する。

実は同大字では、一九〇七年四月八日に区長が村長に三社の諏訪神社への合併を希望する「合社届」をすでに提出していたが、その後手続きがなかなかすすまなかったのである。他のケース同様に、当初は一九〇七年段階で大字内合祀がすすむはずであったが大幅におくれ、しかも一挙には実施できなかった。従来の研究からすれば、大字内の非産土神的な神社の合祀は、比較的実現しやすいとされているが、このケースでは、抵抗の契機それ自体は存在していると考えられる。(32) 合祀後にしても、『上越市史』での調査では、戦後一九七三年の社殿建立まで、境内には諏訪社とそれ以外にも石祠が祀られていたとされ、やはり大字内であっても、その内部での持続的な抵抗の契機が存在することが考えられる。(33)

さらにいえば、大字島田のケースは、一九一八年までに限ってみれば大字内複数社の状況だったことにもなる。そうなると、大字内に複数社が実際にその後も存置されたつづけたケースについても、今後個別の検討が必要であるにせよ、少なくとも最初から合祀と関係がなかったと、きめてかかるわけにはいかないだろう。

(3) 一大字一社存置の内実

一大字一社存置のケースでも、単にそれが易々と実現したと考えるべきではない。このことを考えさせる史料が、先述の行政村和田村の合祀関係簿冊に残っている。一九一三年一二月五日、中頸城郡長は和田村長に対して、「大字丸山諏訪社外六社ヲ最寄リ神社へ合併方」の件について、一一月二〇日付で「重テ」照会していたのに回報がないとしている。大字丸山新田の諏訪社以外の六社が、表2のどの社に該当するのかは不明だが、おそらく丸山新田近隣の旧行政村下板倉村内の小規模な神社ではないかと思われる。また大字丸山新田の神社は、この表2にみるように、産土神無格社の諏訪社一社のみであるから、ここでの合併方針は、明らかに大字越えの計画ということになる。和田村での大字越えの合祀実施は、結果としては先述の二例にとどまったが、当初はやはり和田村各所で推進されようとしていたと考える必要があろう。ただ地元側では多くの場合これを望まず、合祀するにしても一大字内とすることで、結果的に一大字一社が標準となっていくような状況が形成されていったと考えられる。

3 抵抗の契機の程度差と合祀記念事業

以上、限られた史料による断片的な分析であったが、ここからさしあたりの考察を試みよう。まず、行政村和田村で大字越えの合祀が実現したのは、大和神社と岡原の五社神社のわずか二例であり、しかも後者では合祀記念事業は現象しなかった。この一つの背景として、前項では合祀関係大字間の融合度が五社神社のほうが大和神社より高かった可能性を想定し、合祀への抵抗の契機が五社神社関係大字のほうが、より微弱であった可能性を示した。他のケースの場合は、行政村和田村は大字越え合祀をすすめようとしたが、しかし各大字の抵抗でできなかったと基本的に考えておく必要性を示した。また、この抵抗感の強さは、大字内合祀のケースでもみいだされるものであり、大字内合祀が難航する場合の背景になり、他方で合祀未実施のまま複数の神社が残った大字についても、合祀への大字内での抵抗感の強さが背景に存在したと、想定しておく必要性を示した。

以上の整理から考察をさらにすすめるなら、大和神社の合祀記念事業の重要な背景とみられる、合祀政策への大字の距離感という、持続的な抵抗の契機それ自体は、その現象形態の多様性にもかかわらず、和田村内のどの合祀のケースにも等しく検出できるものであると考えられる。さらに、この点にさしあたり限定したうえで、和田村各大字の合祀政策に対する状況の差異の形成を考えようとするなら、それは、各大字の合祀にたいする拒否感・抵抗の契機の強度の程度差としてある程度整理できるのではないか、という考え方にたどりつく。そして、この考え方にもとづいて大和神社のケースを位置づけるなら、抵抗の契機が合祀記念事業の恒例行事化に転化するには、合祀政策の推進に対して、地域社会の拒絶感が強すぎてもみられず、弱すぎてもみられないという、絶妙なバランスにあったことが少なくとも一条件として必要であった、と考えられる。

おわりに

大和神社のケースにみてきた神社合祀記念事業は、地域社会の政策への拒絶感をベースにもつ意味で、従来の神社復祀研究を継承した実態研究において議論すべきことが確認される。ただし、そのうえでポイントになるのは、従来の研究の傾向である抵抗の契機を見いだすことだけで思考停止しない、その動的な取り扱いだろう。今回その試みとして提示したのは、合祀関係地域が共有する合祀に対する持続的な拒否感・抵抗の契機が、ある特定の強度にある場合、合祀という共通の歴史経験が関係地域にとって有用な文化資源としてとらえなおされ、関係地域の語りつぐ知識としてその文化蓄積に付加されていくという、抵抗の契機が地域文化の更新の局面に結びつく関係性が逆説的に成立することがある、という理解であった。

もちろん本稿は冒頭にのべたように、筆者の計画上、あくまで今後の本調査のために構築した限りの試論である。その有効性や妥当性それ自体、本事例に即した検証が必要である。特に大和神社のケースの神社合祀記念事業における一般性がどの程度のものなのか、その見通しは立たなかった。他地域での事例の検討と比較は当然必要となろうが、まずは、大和神社の事例それ自体の丁寧な検討をすすめなければならない。

とりわけ、抵抗の契機の持続性が神社合祀記念事業として対象地域に定着していく、その微妙な強度のバランスの形成と維持をもたらす具体的諸条件については、今回ほとんど踏み込めていない。本稿で多少触れた、北国街道―茶屋町の存在や、今泉を中心に開発されてきたとされる歴史的関係性のほか、大和神社合祀関係大字の大部分（大正期までは他行政村一大字を含む）が、飛地として共有する山林とその祠（神社明細帳登載の神社ではない）をめぐる、近代以前からの維持管理関係等、重要と思われる。[34] もちろん、地域性が多分に強いと思われる宗教文化要素である、神社の社殿形態としての石祠の問題も無視できない。いずれも別個に丁寧な検討が必要と思われる。今後の課題としていきたい。

註

（1）櫻井治男『蘇るムラの神々』（大明堂、一九九二年）、同『地域神社の宗教学』（弘文堂、二〇一〇年）、同「地域神社の近代を再考する―中央と地方・「神社」と「非」神社の狭間に何を見るか―」（『宗教研究』三九二、二〇一八年）。

（2）これについては畔上直樹『「村の鎮守」と戦前日本―「国家神道」の地域社会史』（有志舎、二〇〇九年）序章・第一部のほか、最新の研究状況をふまえた詳細な研究史整理については、由谷裕哉「小松市内の神社合祀研究・序説」（『小松短期大学論集』二五（復刊四）、二〇一八年）を参照されたい。

（3）藤本頼生『神道と社会事業の近代史』（弘文堂、二〇〇九年）一五四頁、同「地域社会と神社」（大谷栄一・藤本編『地域社会をつくる宗教』明石書店、二〇一二年）五七頁。引用は後者による。

（4）神明宮合祀百年誌編纂委員会編『神明宮合祀百年記念誌―石丸の杜から永久の恵み』（神明宮合祀百年祭実行委員会、二〇一三年）八三頁。

（5）新潟県立文書館所蔵「新潟県神社寺院仏堂明細帳」。本稿をまとめるにあたり同館「新潟県神社寺院仏堂明細帳検索」を利用したが、現在同データベースは新潟県立図書館・新潟県立文書館「越後佐渡デジタルライブラリー」https://opac.pref-lib.niigata.niigata.jp/Archives/に統合されている（二〇一九年一一月二日最終確認）。

（6）上越市史編さん委員会編『上越市史 別編3 寺社資料二』（上越市、二〇〇一年）。

(7) 上越市公文書センター所蔵和田村歴史公文書簿冊番号五三三・新潟県中頸城郡和田村役場『自明治四拾年五月　神社合併「其他《(後筆)》」ニ関スル諸《(ママ)》類綴』。

(8) 今泉町内会史編纂委員会編・発行『今泉町内会史　いまいずみ』(二〇〇三年)、七ヶ所新田集落史編さん委員会編『七ヶ所新田　むらの歴史』(大和一丁目七ヶ所新田区、二〇〇五年)、茶屋町町内会史編集委員会編・発行『茶屋町町内会史』(『茶屋町の歴史』、二〇〇八年)。

(9) 同社「堂守」については、同前『今泉町内会史　いまいずみ』一〇七～一〇八頁。また、前掲『上越市史　別編3　寺社資料一』は、二〇〇一年刊行であり、その後の境内設置物の動向等の把握には実地調査による確認作業が必要となる。

(10) 以上、新潟県教育委員会・財団法人　新潟県埋蔵文化財調査事業団編・発行『北陸新幹線関係発掘調査報告書Ⅳ　用言寺遺跡Ⅰ』(新潟県埋蔵文化財調査報告書第一五九集、二〇〇六年)六～八頁、前掲『今泉町内会史　いまいずみ』二五～二七頁、新潟県農会編・発行『農村経済調査　其三　中頸城郡和田村』(一九一一年)一～二頁、和田の歴史をつくる会編・発行『和田のあゆみ』(二〇一九年)等による。

(11) 西田美昭『近代日本農民運動史研究』(東京大学出版会、一九九七年)二〇七～二〇八頁。和田村は、昭和恐慌期の小作争議で研究上の注目を集めてきた村として知られる。

(12) 最新の一一〇周年記念事業は未確認。ただ、現地調査では記念碑の類は確認できなかった。

(13) 以上、前掲『今泉町内会史　いまいずみ』九七頁「石祠配置図」。基壇上のものは一七基、神社明細帳非登録のものもふくまれる。一七社のうち、石祠それ自体から具体的に大字・神社名等が特定可能なのは、茶屋町の稲荷社一社のみである。また明細帳の記録では石祠ではなかったはずの被合祀社(後掲表2)の石祠とされるものも存在する。

(14) 前掲『上越市史　別編3　寺社資料二』、妙高市教育委員会編・発行『斐太歴史の里の文化史─鎮守の森の文化財と斐太神社を訪ねて』(二〇一四年)の「特論　斐太神社とその兼務社」等参照。
(15) 今泉・稲荷社の神社明細帳上の当初施設は、本社石祠間口二×奥行二間三尺、拝殿間口三間×奥行四間、石鳥居一、石夜塔二対、石手洗鉢一である。ただし、大和神社神殿増改築委員惣代池田庄治「式辞」(一九四一年五月七日)には、それまでの社殿は「神社合併前ノ古キ建造物」とあり(前掲『今泉町内会史　いまいずみ』九二頁掲載の史料影印による)、旧稲荷社の石祠には覆いのような建築物があったのかもしれない。神社明細帳上の石祠等記述と実態との関係は今後さらに丁寧な検討が必要だろう。
(16) 星野紀子「石祠─その無表情を装った石造物について─」(『日本の石仏』四六、一九八八年)、同「石祠の世界」(同九八、二〇〇一年)、同「石祠から見えてくるもの─新潟県の石祠を中心に」(同一一一〈特集　石祠〉、二〇〇四年)等。星野は特に新潟県栃尾市の事例を中心に、「村を守るための鎮守様と石祠は、目的を異にしていた」(星野同前「石祠の世界」四九頁)と神社明細帳の分析から推定しており、同一県内といっても、前述のような神社社殿の明細帳当初記載が大部分石祠である中頸城郡とは、かなり異なるようである。
(17) 前掲『今泉町内会史　いまいずみ』一〇一～一〇二頁、「大和神社沿革誌」。同史料については、本文一二七頁参照。
(18) 前掲『七ヶ所新田　むらの歴史』五二頁。
(19) 上越市史編さん委員会編『上越市史　資料編6　近代』(上越市、二〇〇二年)五三四頁。
(20) 前掲『茶屋町町内会史』一六頁。
(21) 同前一〇～一三頁
(22) 同前九三頁。

(23) 上越市や妙高市では合祀先神社の社殿裏等に被合祀社とされる石祠群が広くみられ、合祀に伴う石祠移転は和田村だけのとりきめではないと思われるが、今後の課題としたい。
(24) 前掲『七ヶ所新田　むらの歴史』八七頁、一一五頁。
(25) 同前一一六頁。現在「地蔵尊奉賛会」が設立され維持されている。「昔から因縁の深い」土合、茶屋町の有志も名をつらねる面もある。
(26) 同前一一六頁。
(27) 前掲『茶屋町町内会史』一六頁。おそらく、こうした大字単位の持続的な抵抗の契機が示されるものは、現地調査をすすめると他にもでてくるものと思われる。A氏へのききとりで話題にのぼったものに、旧大字でいうと荒町となる大和三丁目の小公園なるものがあり、実際にいってみると、現在も公園として綺麗に整備されており、「平成六年　荒町氏子中」の銘板をもつ幟柱や、大正年間の氏子中奉納とされる設置物が確認された（二〇一九年五月一三日）。これと地図上の面積から判断して、被合祀社旧境内地（御霊姫神社か）の可能性が考えられる。
(28) 前掲『上越市史　別編3　寺社資料一』一九七～二二四頁。ただし、二〇〇五年合併以前の旧上越市域分に限られる。妙高市域分については、前掲『斐太歴史の里の文化史』「特論　斐太神社とその兼務社」での各社氏子自身の執筆になる記述をみるかぎり、大和神社のようなケースは確認できない。
(29) こうした方針は村社数が異様に少ない新潟県全体の方針と考えるべきと思われるが、今回は省略する。新潟県全体については、さしあたり畔上直樹「近現代の地域社会と神社」（同前『斐太歴史の里の文化史』）参照。
(30) 前掲和田村役場『自明治四拾年五月　神社合併「其他《(後筆)》」ニ関スル諸類《(ママ)》綴』。
(31) 前掲『上越市史　別編3　寺社資料一』二〇八頁。

(32) ただし、大字島田の場合、合祀先の諏訪社もふくめ無印無格社で、産土神無格社を欠如していたことが、非産土神的な無印無格社における抵抗の契機をかなり強く表出させた可能性がある。

(33) 同前二〇一頁。

(34) 前掲『今泉町内会史　いまいずみ』二三七～二四八頁等。

付記　本研究はJSPS科研費　17H02283の助成をうけたものです。

茨城県大洗町磯浜における神社の統廃合
——神社合祀のロマン主義的解釈に対する代案として——

由谷　裕哉

一　問題の所在

日本民俗学の開祖・柳田國男が戦時中の『神道と民俗学』(1)において「氏神の合同」という表現で指摘したように(2)、神社の統廃合は通時的に行われてきた。国民国家の施策としても、実際に有効に機能したかどうかは別として、明治初頭(3)および戦時下(4)に小祠の整理が試みられた。しかし、最も大規模な神社合祀は、内務省によって明治三九年(一九〇六)、水野錬太郎神社局長時代に出された二つの勅令(5)を根拠として、施策としては府県を主体として行われた。そのため、府県あるいはその下の郡・町村ごとにかなりの温度差が見られた。

この明治末・大正初期の神社合祀については、同時代に帝国議会や神職向けの雑誌(『神社協会雑誌』『全国神職会会報』など)で侃々諤々の議論がなされたし、戦前戦中期にも言及する研究が見られた(6)。しかし、本格的な学術研究の対象となったのは一九六〇年代、とくに社会学者・森岡清美の分析が始まりであろう(7)。それ以降、社会学以外にも歴史学・民俗学・地理学・宗教学・神道学などからの事例分析が行われるようになった。筆者は前世紀末までの主な研究動向について、短いながら概観したことがある(8)。

そうした概要を行うなかで筆者が憂慮するに至ったのは、とくに民俗学者の神社合祀研究に、ロマン主義的(英romantic、独romantischなどの訳語)と呼べるような共通する方向性が見られることである。そもそも、社会的・文化的事象を調査分析する際、できる限り価値中立となることを目指し、所定の理論負荷を付随させた分析は避けるべきなのだが、民俗学者のロマン主義解釈の難点はそれだけに留まらないように筆者には思える。

そこで本稿では、神社合祀に対する民俗学者のロマン主義的な解釈の代案を求めるという観点から、研究史の回顧(二)と、事例としての茨城県大洗町磯浜町における神社の変遷(三・四・五)を通じて、ロマン主義的には解釈できない神社統廃合の一例に接近しようとする。

二　神社合祀研究におけるロマン主義的な解釈とは

本稿でロマン主義的と称するのは、この語の一般的な意味のうち、前時代的なものへの憧れ、喪われゆくものに対する哀惜、産業化に対する反発、などの意味である。

すなわち、神社合祀に関するロマン主義的解釈とは、町村あるいは大字内に複数あった神社が内務省の指示により一社にされたことによって、その他の神社が廃祀されたことを正しくないと見る価値観(これは、社会学者や歴史学者の神社合祀研究にも見られることがある)を起点とする。民俗学者はそこから、国家統制によって自然村的な秩序、とくに神社と住民との関係が壊されたのであるから、喪われたそうした関係を理想的なものと捉える、ないしはもと通りに回復すべき(そのため、神社復祀の研究が好まれる)、と考える研究動向を形成した。

こうした動向の古い例としては、萩原龍夫が一九六一年に愛媛県の宇和島市と南北宇和郡の神社に関して、闇にまぎれて御神体を取り戻した例、植林によって基本財産を増やして合祀を免れた例、以前の社の跡地に小祠が残る例などから、住民の神社合祀策への「レジスタンス」が表出していることを指摘した。[9]ただ、同研究は神社合祀の専論ではなく、著者が神社合祀を望ましくないと考えているらしいことがうかがえる程度であった。

ここでいうロマン主義的な解釈が顕在化するのは一九八〇年代以降と考えられる。鈴木通大は一九八二年に神奈川県内各地を対象とする論考で、合祀後に祟りがあった、氏子の夢枕に廃祀された氏神が現れた、病人が出たなどの伝承を集め、廃祀された神社が分祀された契機となったことを述べている。[10]彼は神社合祀策がもたらしたことを複数あげているが、とくに「自然村を撤去し、行政村の確立、すなわち民俗社会の壊滅をめざしていた」とするのが、典型的なロマン主義の解釈であろう。なぜいわゆる自然村が民俗社会なのか、そこで村落外部からの統制やそれに対する住民の抵抗が無かったのか、非常に疑問であるが、そうした疑問を提起しないのがロマン主義の立場だと考えるしかない。

田澤直人も一九八五年に長野県東筑摩郡本城村（当時）の東条区八木耕地の神社合祀を事例とし、廃祀となった神社への信仰が残ったことが複数の局面で見られるとし、国の意図であった民心の統一が失敗したと結論づけている。[11]もっとも、奥の院に小祠が残ったとするものの、廃祀された社への信仰が残った例として言及される祭と雨乞いのうち、この小祠と関係するのは雨乞いのみらしい。それ以外の祭と雨乞いのお礼参りは合祀された神社に変更になった由であり、それを「国の意図」が挫かれた根拠としうるか、甚だ疑問であろう。ロマン主義の現れ方の一つとして、国家による統制と住民の抵抗という理論負荷が強く表出した論旨と考えられる。

もっとも、民俗学者の神社合祀研究であっても、田中宣一が一九八三年に発表した神奈川県川崎市の一村落における合祀に関しては、無格社に他の四社が合祀される経緯が文書と聞き取りによって追跡され、合祀に抵抗が少なかっ

写真１　八幡神社(鍋谷)　左手前、本殿の御神体(２頭の馬らしき動物に乗る応神天皇)　その右後方、合祀された御神体の一つ(仏像か)

たことが導かれている。[12] したがって、すべての民俗学者がロマン主義的な解釈枠組に依拠していたわけではない。

　ともあれ、神社合祀のロマン主義的解釈として最も典型的なのが、喜多村理子が一九九六年(著作化は一九九九年)に行った、鳥取県東伯郡安田村大字八幡において大正五年(一九一六)に起きた、「宮騒動」と称された合祀反対運動の事例研究であろう。[13] 現地の資史料や新聞記事など数多くのデータに基づいて村落構造にまで踏み込んだ分析がなされ、とくに社掌や区長が抵抗運動に関わったことを明らかにするなど重厚な研究である。とはいえ、全体の結論として、こうした抵抗運動の内実を「身体化されたムラの秩序」(同書一五〇頁)、「ムラに対する強い帰属意識」(一五五頁)に求めているところは、典型的なロマン主義の解釈枠組であろう。

　というのも、宮騒動の拠点となった大字では、廃祀されることになった八幡神社以外にも近世に複数の神社があったらしいが(四一頁)、それらが神社合祀のなされた大正期までの間に喜多村の云う「ムラの秩序」のなかでどう変化してきたのか、が全く触れられていない。同書が出された時にも、これと似たような疑問が出されていた。[14]

　以上のような民俗学者のロマン主義的な神社合祀研究を意識して代案を求めようとしたわけではないが、筆者が一九九四年にこの対象に関して唯一発表した事例研究では、合祀への抵抗や近世村への懐旧が全く伝えられておらず、むしろ合祀が、敗戦後に求められた大字の統合に貢献したことを報告していた。[15]

事例とした石川県能美郡辰口町鍋谷（当時、現在は能美市鍋谷）は全戸真宗村の大字である。かつては七つの垣内（現地で「かけち」と発音）に分かれていたとの伝承があり、一九八〇年代後半の調査当時にも、それが手次関係（真宗における寺と門徒家との関係）と緩やかに対応していた。そのためか、近世村への懐旧が観察できない代わりに、一揆時代に遡る可能性もある垣内をアイデンティティの拠り所とする旨の声が複数聞かれた。

神社合祀は明治四〇年（一九〇七）に、三つの集落の中央部にあった村社八幡神社に、他に七社あった無格社八幡神社[16]が合祀された。旧村社八幡神社の本殿には、今も合祀された御神体が複数置かれている（写真1）。

大字鍋谷は能美郡国府村に含まれていたが、敗戦後、昭和三一年（一九五六）に同郡辰口町（同年成立）と小松市とに分かれるに際して、手次関係など旧来から関係の深かった小松市ではなく[17]、辰口町成立に利用されるような形で同町に含まれることになった。それに対処すべく、旧村社八幡神社横に作られた公民館が、町当局に住民がさまざまな要求をする前提となる意思決定を行う場として、重視されるようになった。

すなわち、明治末における一大字一社への合祀が、結果的に高度成長期に内側から求められた大字の統合に役立つことになった。かつての「垣内」へのアイデンティティと重なる側面もある真宗の手次門徒相互の連帯感は合祀後も変わらず、そのことと対応して、近世村への懐旧の情が全く観察できなかった事例であった。

本稿では、これとは別の事例として茨城県東茨城郡大洗《おおあらい》町《まち》磯浜《いそはま》町《ちょう》（旧・磯浜村）を取り上げ、明治末の神社合祀そのものがほぼ行われず、住民の近世村へのロマン主義的な懐旧も全く見られないケースとして検討してゆきたい。

写真２　大洗磯前神社（奥）と絵馬掛け所　手前はアニメキャラクターが描かれた絵馬を見るファン

写真３　大洗町市街地　マリンタワーより車塚古墳方向を眺望する（海は撮影者から見て背面）

三　大洗（磯浜）における神社の変遷
―聖地性・光圀の関与・天狗党・観光地化―

以下に事例として取り上げる茨城県東茨城郡大洗町は、一九五四年（昭和二九）に磯浜町と大貫町《おおぬきちょう》とが合併して成立した町である。その後も合併が行われ、現在は人口一・六万人余りに対し、年間四〇〇万人以上が訪れる観光の街

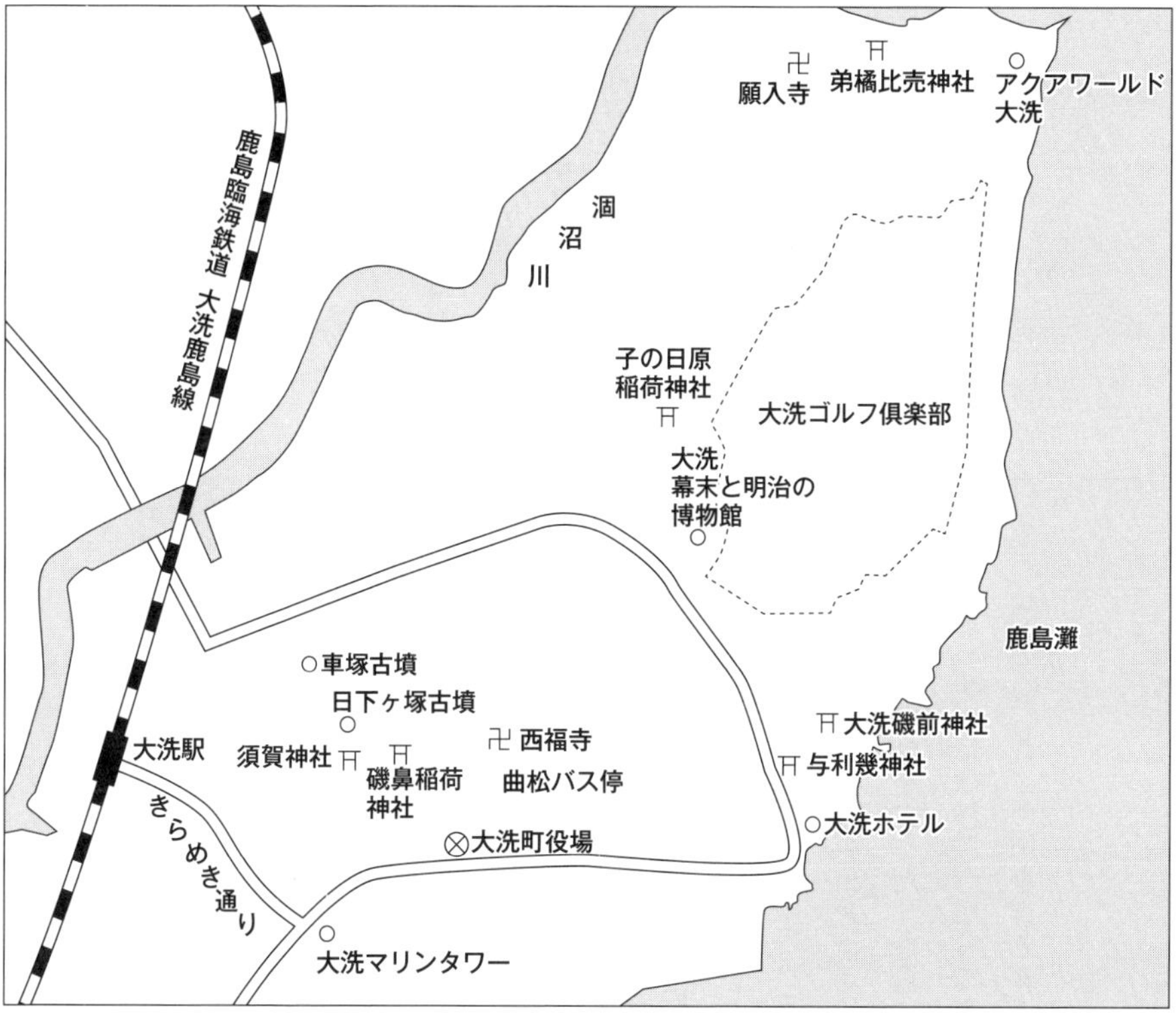

大洗町（旧磯浜村エリア）の主要施設

となった。二〇一一年の東日本大震災を罹災し、翌二〇一二年から一三年にかけてTV放映されたアニメ『ガールズ&パンツァー』の影響によっていわゆるアニメ聖地として有名になった。筆者の関心もそこに由来しており（写真2）、既に同町のその側面についての事例研究を複数公表している(18)。

本稿は同町のうち、国幣中社であった大洗磯前神社を含む旧磯浜村エリアを扱う（地図）。一九五四年に合併した二つの旧町のうち、大貫町が大洗マリーナや大洗サンビーチ海水浴場を含む南側であるのに対し、当時の磯浜町（現在は複数の町名に分かれている）は鹿島臨海鉄道大洗駅の東北方向に展開しており、永町《ながちょう》（駅の東側）の小高い丘陵がそれに当たる車塚古墳および日下ケ塚《ひさげづか》古墳の四方裾野に拡がった海浜の町、ということになる。大洗の観光施設として知られるマリンタワー最上階から市街地を眺めると、磯浜エリアが、古墳に当たる丘陵地の周囲から太平洋にかけて展開した街並みであることを実感できる(写真3)。

中山信名により天保年間(一八三〇—四四)に完成したとされる『新編常陸国誌』によれば、磯浜村は天保五年(一八三四)の戸数八六八戸、人口は三七二四人とされていた。[19] これは、近世村としてかなり大きな数字ではなかろうか。明治二二年(一八八九)の市制町村制により磯浜村は磯浜町となったが、その際に大字を形成しなかった。

以下、古代よりの聖地性、近世における徳川光圀の関与、幕末の天狗党の乱、近代以降の観光化、という四つのテーマに絞って、磯浜の通史を概略したい。

⑴古代からの聖地であること

上記のように丘陵である古墳の回りにできた街、という以外に、磯浜の海岸部が古代からの聖地とされたことについて見たい。

柳田國男も「玉依姫考」[20] で触れているように、『文徳実録』第八の斉衡三年(八五六)一二月戊戌(二九日)条に、大洗海岸における霊石の出現について同日に常陸国司が上言した内容として、おおよそ以下のようにある。

郡民の製塩業者が夜半に海上を見ると、「光耀」が天を突いていた。次の日に光り輝いた付近を見ると、海岸近くに高さが尺ばかりの二つの「恠石」があった。その者(塩翁)は、これは人造のものではなく、神がその石の形をとったのではと思ったが、その日はその場を去った。さらに翌日には、二〇余りの子石が両石の左右にまるで座しているようにあり、彩りが常ならず、形は沙門のようであるが耳目がなかった。時に神が人に憑依して云うに、我は「大奈母知少比古奈命」である、昔この国を造り終えて東海に去った、いま民を救おうと更にまた帰り来た。

これに続いて天安元年（八五七）一〇月己卯（一五日）条に、常陸の国にある大洗磯前と酒列《さかつら》磯前の両神に、薬師菩薩明神の号が与えられた、とある。後述するように大洗磯前神社はもともと海岸沿いにあったと伝えられているので、『文徳実録』の伝承は、その社地が海辺の聖地と考えられていたことを意味するであろう。大洗磯前神社の近世期における正統的な縁起書である正徳五年（一七一五）成立の『大洗磯前大明神本縁』でも、上述した『文徳実録』斉衡三年条とほぼ同文が、中間部に記されている(21)。

話を古代に戻すと、延長五年（九二七）に成立したとされる延喜式神名帳には、常陸国鹿島郡の神社として「大洗磯前薬師菩薩明神社」が、名神大と記されている。

磯浜村の海岸沿いを古代からの聖地とみる、このような考え方に即してみると、中世後半に下るが、当地の海岸近辺で補陀落渡海《ふだらく》が行われたことを付記しておきたい。戦国時代に相当する享禄四年（一五三一）、高海上人と二二人が磯浜の近隣から補陀落渡海をしたことが『那珂湊補陀落渡海記』（お茶の水図書館蔵）に記されているという（詳細は、根井浄『補陀落渡海』を参照されたい(22)）。

⑵徳川光圀の関与

次に、水戸藩第二代の徳川光圀（一六二八―一七〇〇）が、磯浜村の三つの宗教施設の再興・移転・創建に関わったことをみる。それらは既に触れた大洗磯前神社の他、浄土真宗願入寺、および天妃山《てんぴさん》媽祖《まそ》権現（現在の弟 橘 比売《おとたちばなひめ》神社）である。順に概観したい。

まず、大洗磯前神社（『新編常陸国誌』には、延喜式神名帳での名称に類似した大洗磯前薬師菩薩神社ともある）は、永禄年中（一五五八―七〇）に小田氏治の乱によって悉く焼失し、社領も亡失して盛時の百分の一となり、社を海浜に構えて祭を行っていた。元禄三年（一六九〇）、光圀が現在地近くの丘陵上に遷座させ、社を建立した、などとされる(23)。

写真４　弟橘比売神社

磐船山願入寺は『東茨城郡誌』によれば、親鸞聖人の孫・如信上人が奥州白川郡で一宇を建立したことに遡る。一二世の時、佐竹義宣により久慈郡に招聘される。一五世の時に住持の娘が徳川光圀の養女となる。光圀は本願寺一四世琢如上人の二子をその婿に迎え、一六世とした。その際、磐船山を開拓して大宇を建立、家住みの武士を付して門前地町内に屋を建てて住まわす。町を祝《いわい》町《まち》と称す。云々とされる。[24]堂宇の新築は延宝二年（一六七四）より開始され、そのためにこの地にあった真言宗養福院が沼端《ぬまばた》へ移されたという。[25]「親鸞聖人高弟二十四輩記」を所蔵する。門前町となった祝町については、後で述べる。

天妃山姨祖権現は道教の女神とのことで、『新編常陸国誌』によれば木像の神体と脇立の二女神を祀ったものだったらしい。元禄三年（一六九〇）に光圀が祀り、海上風難から救い給う女神であるため漁業者の信仰が篤く、毎夜灯明が掲げられたという。[26]もっとも、徳川斉昭の時に天妃神像が他に移され、その代わりに類似の権能を有する弟橘比売神を祀ることにして、神社名も弟橘比売神社と改称された。現在の同社（写真４）は、以前の境内が那珂川に近く、川の流れによって崩されてしまったため、昭和一七年（一九四二）に川からやや離れた現在地に遷座してきたものである。この点について詳しい文献もある。[27]現在の社地は、地図のように願入寺とかなり接近している。

以上三つの寺社の内、願入寺と天妃山姨祖権現が立地する祝町は、元禄八年に光圀から遊郭の許可を得た。[28]こうした経緯のため、祝町が磯浜村の中にありながら、一種独立的な面を有していたことには留意しておきたい。近世村としての磯浜村がロマン主義的な一体性を持ち得ない事例であることの、一つの現れであろう。

ちなみに祝町の独自性に関連して、近代に入ってからではあるが、昭和八年（一九三三）に祝町が磯浜町から分離して、那珂川対岸の湊町（現・ひたちなか市）と合併しようとする動きがあったことを付記しておく(29)。

ともあれ、光圀が磯浜村の三寺社（うち二寺社が祝町）に特別力を入れたと伝えられることは(30)、近世村としてのこの村が、民俗学者が「ムラ」、社会学者が「自然村」、などと表現するような地域社会ではなかったことを意味すると思われる。

(3)天狗党の乱

天狗党の乱については少なからぬ文献が出ているが、ここでは磯浜の寺社に関わる問題に限定して、主に『大洗町史 通史編』に依拠して概略する。

筑波山での天狗党の挙兵は、元治元年（一八六四）三月とされる。実際に天狗・諸生両者が磯浜村および大貫村で争闘するのは、八月になってかららしい。諸生派（反天狗党）が願入寺に屯集していたところに、天狗党がそれを攻めて願入寺は焼失した。九月に入ると諸生派と幕府追討軍とが連合して勢力を挽回し、次第に天狗党が追い込まれた。天狗党は、大貫村のお富士山（浅間神社が立地する丘陵）や磯浜西福寺（日下ヶ塚古墳の東側麓、天台宗）の裏山などで防戦した。やがて追討軍が磯浜を突破し、天狗党は祝町に火を放って那珂川対岸の湊町に後退した。一〇月に天狗党の武田耕雲斎らが他地に転身した(31)。

以上のように元治甲子《げんじかっし》の乱とも称されるこの争闘は、元治元年の八月から二ヶ月ほど磯浜・大貫を戦場の一つとした。住民のなかでは尊皇攘夷運動にかかわっていた上層農民のごく一部が天狗党に参加していただけで(32)、その他多くの住民との関わりは薄かったらしい。とはいえ、願入寺や西福寺のような主要宗教施設、および町屋の多くが焼失したことにより、磯浜（および大貫）は近世といったん切れてしまった。このことは、磯浜の宗教文化を考えるうえで重要であろう。

⑷明治以降の観光地化

この問題についても天狗党の乱と同様、ごく概要のみをみたい。

第一にあげるべきは、水戸市と磯浜町（明治二二年より町制施行）を結ぶべく大正一一年（一九二二）に開業した、水浜《すいひん》電車であろう。この年には、水戸市浜田から磯浜までの路線が開通した。水浜電車磯浜駅は、現在の鹿島臨海鉄道大洗駅から、少し海よりであったらしい。大正一五年には祝町まで延長され、やがて那珂川に架かる海門橋を渡る工事が進められ、昭和五年（一九三〇）には対岸の湊まで延伸された。もっとも、昭和一三年に海門橋が崩落したことにより、水浜電車による磯浜町と湊町との往来は終わった。廃線になったのは一九六六年である。

水浜電車については、鉄道ファン・廃線ファン向けの書籍に路線その他の詳細が掲載されている。[33] ここでは、磯浜以降の海門橋落橋前の駅名を以下に掲げるに留めておく。

磯浜―大貫―曲松《まがりまつ》―仲町―東光台―大洗―祝町―願入寺入口―海門橋―湊町

以上のうち曲松駅は、商店街のなかを通る現在の大洗町循環バス曲松バス停より、かなり海寄りだった模様である。また東光台駅は、昭和四年（一九二九）に宮内大臣・田中光顕の肝いりでできた常陽明治記念館（現在の「大洗幕末と明治の博物館」[34]）の乗下車客を、大洗駅は大洗磯前神社の乗下車客を想定したのではないかと思われる。一九三九年に地理学者・小田内通敏の指導によって編纂された『綜合郷土研究　茨城県』において、水浜電車によって水戸市からの海水浴客が多くなったとの記載があること、および磯浜で見学する場所として大洗磯前神社と常陽明治記念館があげられていることを、先に筆者は指摘したことがあった。[35]

このように水浜電車は観光地としての磯浜の活性化、とくに海水浴客の増加に大きく貢献したが、もともとそうした需要が相当あったとも推察できる。というのも、海水浴客を当て込んだと思われる海辺の旅館として、現在も大洗磯前神社門前にある魚来庵《ぎょらいあん》が明治二二年（一八八九）、金波楼《きんぱろう》が翌年、大洗ホテルは明治三三年（一九〇〇）に開業したとのことであるので(36)、水戸市など内陸部からの海水浴客が水浜電車開通前からかなりあったことがうかがえる。

第二に戦後における磯浜町の観光で注目されるのが、大洗町が一九五四年に成立する直前に、竜宮城を模した入口の県立水族館が一九五二年に、ゴルフ場（大洗ゴルフ倶楽部）が一九五三年に、相次いで開業したことであろう。とくに前者は、一九七〇年に現在のアクアワールド大洗へと大規模なリニューアルがなされ、観光の街大洗を代表するシンボル的な施設となった。

第三に、一九七九年に大洗港が地方港湾から国の重要港湾に指定されたことを前提として、一九八五年に関東で唯一北海道と往復するカーフェリーが就航し始めたことであろう。筆者は、北海道でのツーリングの安全を大洗磯前神社で祈願する、バイク乗りの存在を指摘したことがある(37)。同年には単線であるが、現在の鹿島臨海鉄道大洗鹿島線も開通している。

以上見てきたように、一九五四年に大洗町を形成することになる磯浜エリアは、観光という面からも、民俗学者が好むロマン主義的なムラとは、明らかに異なる様相の地域社会だということになろう。

四　近世の磯浜エリアにおける神社の変遷

以下、磯浜エリア（明治二二年まで磯浜村）における日露戦後の神社合祀期を含む神社の変遷を追跡してゆくことになるが、まず磯浜エリアで現在、宗教法人となっている神社を記すことから始めよう。

⑴旧磯浜村エリアにおける宗教法人としての神社

大洗磯前神社以外の八社（全て旧無格社）を、以下に列挙する。掲載順は茨城県神社庁の『茨城県神社誌』[38]に記載されている順序である。丸括弧で各々の小字ないし旧町名を付記する。

金刀比羅神社（桂町）
道祖神社（髭釜《ひいかま》）
鈴稲荷神社（緑町《ちょう》）
稲荷神社（緑町）
須賀神社（永町）
稲荷神社（永町、『茨城県神社誌』には「ばつけのいなり」と付記）
富士神社（諏訪山、車塚古墳の墳頂に鎮座）
弟橘比売神社（祝町）

なお、後でも若干触れるが、現在の磯浜エリアでは宗教法人格でない稲荷神社がかなり見られる。これらのほとんどは、おそらく戦前、あるいはそれ以前から存在していたと推察される。

⑵水戸藩および茨城県の全体的傾向

水戸藩における神社政策については、光圀の時代に三〇〇〇社以上の淫祠削減を行ったという説があり[39]、かつては通説化していた。戦後に圭室文雄が、寛文六年（一六六六）の鎮守書き上げで一七五社、元禄九年（一六九六）では五五五社であることなどから、むしろ光圀は一村一鎮守を理想として鎮守の増加を目指したことを導いた[40]。こちらの方が正しいと思われるが、先にも現在の磯浜エリアで宗教法人格でない小祠が散見することを記したように、鎮守とは神社とは何を指すか、個々の史料の執筆者によって見解が異なるのではないかと考えられる。

明治以降（現在の茨城県域は明治八・一八七五年以降）については、県内のある村落（東海村）に関して、明治四年（一八七一）に強制的な小祠整理があったとする先行研究がある。[41]しかし、注などで根拠が示されないので真偽不明である。

日露戦争前後については、森岡清美が『茨城県統計書』に基づいて、明治三三年から大正六年（一九一七）までの神社総数、官国幣社数、県社・郷社数、村社数、無格社数を表化していた。[42]しかしこの表は、無格社に関して他県と同じ基準とするためか、『茨城県統計書』に掲載されている境内無格社が表の一番右に寄せられる形で、無格社数から除かれている。森岡の集計方法については、この他にも異論が寄せられたことがあった。[43]

そこでここでは、森岡著書および『茨城県史料　近代統計編』[44]を参考に、明治三三年より二年おきに大正六年まで、神社総数、境外無格社数、無格社合計数を集計したものを表1として示すことにする（次頁）。なお、森岡著書によれば、『茨城県統計書』では明治四〇年以降、境内無格社は集計されなくなったらしい。

表1を見ると、そうした意味で神社総数の経年比較は意味がないことになる。そこで境外無格社に注目すると、勅令第九六号および第二二〇号が出された明治三九年以降、明治末期には二年間で三〇〇～四〇〇社ほど減ってはいるものの、大正期に入ってからも緩やかに減少を続けていることがわかる。

(3)水戸藩時代の磯浜村の神社

近世における磯浜村の神社については、あるお宅に所蔵されているという文書（『磯浜誌』）に少なからぬ数の神社が掲載されていると伝聞しているが、筆者は現物を拝見していないのでここでは触れない。

それ以外で水戸藩時代の磯浜村の神社については、管見の及ぶ限り次の五つの文献に情報が見られる。

表1　茨城県における神社数の変化

和暦	西暦	神社総数	境外無格社数	無格社合計数
明治33	1900	10267	2724	8579
明治35	1902	10266	2722	8577
明治37	1904	10266	2722	8577
明治39	1906	10162	2656	8511
明治41	1908	3900	2221	2221
明治43	1910	3506	1843	1843
大正1	1912	3231	1588	1588
大正3	1914	2971	1348	1348
大正5	1916	2890	1245	1245

『磯浜志』：天保六年（一八三五）、水戸の後藤興（若しくは子善）の著作とされ、磯浜の古今の沿革が記されている。(45) 写本が茨城県立図書館に所蔵されているが、ここでは『大洗町史料』(46)（1）として翻刻されたものに依拠する。翻刻本二頁に「鎮守大洗大神宮」が元禄二年（一六八九）に「国君」によって山の中腹へ建立、天保三年（一八三二）別当普賢院が大里村に曳寺され、大塚伊勢守一人になった、などとある。三頁からその摂社末社として与利幾神社以下一三社を掲げるので、仮に番号を付けて転記しておく。

(1)与利幾神社　(2)宇佐八幡　(3)清良権現　(4)天照皇大神宮　(5)稲荷神社　(6)豊年神社　(7)烏帽子石神社　(8)加都保神社　(9)竜神　(10)御手洗川　(11)天妃神社　(12)道路御神　(13)関根神社

以上の内、(10)は神社かどうか不明であり、(11)以降が境外摂末社だと思われ、(12)は現在の道祖神社であろう。(2)については、もと祝町の鎮守であったとされる（後述する『新編常陸国誌』にも類似の説明がある）。大洗磯前神社にはかつて四〇ほどの末社があったとされるので、(47) 今は祀られなくなったものも少なからずあると考えられる。上記の(1)から(9)までの内、(6)、(8)、(9)は祀られなくなった摂末社ではないかと思われる。

『新編常陸国誌』：天保年間（一八三〇―四四）の成立とされる私撰地誌。原著者は中山信名で、補注は栗田寛。巻五の磯浜村の項に、大洗磯前神社と天妃山媽祖権現が（翻刻二五〇―二五一頁）、巻七の神社の項目に「大洗磯前薬師菩薩神社」が（同三五六―三五七頁）、それぞれ解説されている。本稿でもこれまで、その一部を参照してきた。

『大洗地方史』：一九六〇年刊の私家版で、著者の江原忠昭は茨城大学を卒業して小学校校長などを歴任した由である(48)。明確に時代が明記されてはいないものの、大洗磯前神社の境内社（同書八三頁）および磯浜村内の「その他の社寺」（同八八頁）に関して、天保頃のデータを列挙しているらしい（八九頁の地図に「江戸時代（天保頃）の社寺」とあり、本文と対応する）。天保頃という典拠も記されていないが、先に言及した個人宅に所蔵の『磯浜誌』である可能性も捨てきれない。ともあれ、大洗磯前神社境内社に関しては一六社をあげており、そこには先述の『磯浜志』(1)から(9)までの九社が含まれている。

その他神社については、一〇社に加えて水戸藩で信仰が奨励されたという稲荷社を一五社あげている。以下、アルファベット大文字を名称の頭に振って列挙する。丸括弧内は、適宜省略しながら一部を転記している。まず一〇社から。

A金毘羅神（坂本氏の氏神）　B大六天（金沢町）　C浅間社（諏訪車塚）　D琵琶塚弁天（日下ケ塚）　E七かま大弁天（原山西側）　F桐生社（原山）　G関根社（氏神）　H花どの社　I天満天神（字諏訪）　J道祖神

以上の内、Aが現在桂町で祀られている金比羅神社（同書八九頁の地図による）、CおよびJは現存する類似名称の神社と対応するであろう。なお、Bの大六天とは第六天魔王を祭神とする第六天神社のことと考えられるが、戦前まで金沢町で六月に天王さんの神輿渡御があったと伝えているので(49)、第六天魔王と牛頭天王とが類似の存在として認識されたのかもしれない。Gは先述した『磯浜志』の境外摂末社(13)関根神社と同一と思われる。以下、稲荷社一五社の列挙となる。

K二本松稲荷（八ケ峯）　Lもとき稲荷（明神町）　M五郎兵衛稲荷（1丁目）　N大手稲荷（2丁目）　O永の稲荷（永町）　P八三郎稲荷（養福院の北）　Q台の稲荷（新町）　R西細稲荷（原山）　S山王稲荷（字山王　加藤氏の氏神）　T

稲荷山稲荷　U十路字稲荷(字原)　V万海稲荷(山の基)　W出世稲荷(山の台)　X犬喰稲荷　Y大森稲荷

このうち場所(同書八九頁地図による)などから、Lは鈴稲荷、Mは緑町の稲荷で今も五郎兵衛稲荷と称されているもの、Oは永町の稲荷であろう。他にいずれも現在は非宗教法人であるが、Pは天台宗養福院(千手観音堂)の北側に今もある正一位稲荷大明神、Sは町立第一中学校の南西側にある桜井稲荷神社の可能性があり、Uはゴルフ場と道を挟んだ西側にある子の日原稲荷社、Xが天台宗西福寺の東南側にある犬飼稲荷だと推察される。他にも旧磯浜村エリアには現在も宗教法人でない稲荷の祠がいくつもあるので、K以降の上記以外と対応するかもしれない。

なお、同書八九頁の地図によれば、EおよびFは現在ゴルフ場のある場所にほぼマッピングされているので、万が一ゴルフ場開業(一九五三年)の前まで存在していたとしても、それによって廃祀となったと推察される。

『水府志料』：文化四年(一八〇七)、小宮山楓軒の作とされる地誌。国立国会図書館のデジタルアーカイブですべて閲覧可能であるが、ここではかなりの省略のある『茨城県史料　近世地誌編』(50)による。磯浜村が当時含まれていた鹿島郡のパート、磯浜村の「頭書」に大洗明神および天妃神が掲載されている(三六五頁)。後者には、「元禄年中心越勧請」と付記がある。

『水戸藩神社録』：明治三年(一八七〇)栗田寛の著で、茨城県立歴史館に所蔵されている。巻一「式内十八座」の冒頭、「鹿島郡一座」として大洗磯薬師菩薩神社が解説されている。付録「式内神社考証」にも、同神社名での考証がある。鹿島郡に当時含まれていた磯浜村に関しては、それ以外の神社への言及はみられない。

以上五点に関しては、『磯浜志』と『水戸藩神社録』では大洗磯前神社、もしくはそれと境内外摂末社しか触れられていないが、『新編常陸国誌』および『水府志料』では他に天妃山姨祖権現も言及されている。もちろん、『茨城県神社誌』に現在の磯浜町における宗教法人格として載る旧無格社八社のすべてが江戸時代の開創を主張するように、この二社以外にも公式に記録されない神社が多くあったとは思われる。それらを列挙しているのが、典拠は明記されないものの『大洗地方史』に載るその他の二五社ということになろう。

いずれにしても、水戸藩の神社政策に関して通説化していた光圀の一村一鎮守策が、磯浜村に関しては全く適用されなかったことを確認しておきたい。これは先述の通り、大洗磯前神社の再興と天妃山媽祖権現の開創が、共に光圀によって行われたとする伝（おそらく史実）と対応するであろう。さらに、『大洗地方史』の記述が天保頃だという主張を信用すれば、一九世紀の磯浜村に氏神的な稲荷を含む二〇以上の社祠が存在していたことになる。

五　明治以降の磯浜エリアにおける神社の変遷

以下、水戸藩時代と同様、典拠とする文献ないし史料五点を示し順次みていくことにする。なお、上記のように茨城県内の一部地域（東海村）について、明治初頭に強制的な小祠整理があったとする先行研究が存在する。筆者は今のところ、同時期に関する磯浜村の情報を確認できていない。

神社明細帳：茨城県総務部総務課に所蔵されている神社明細帳である。個々の神社の明細帳には年代が記されていないが、冊子を纏めてファイリングされた背表紙に、「神社明細帳（水戸市・東茨城郡）明治45年度」とマジックインキで書かれている。

成立年代を推定する情報として、三つをあげておく。

第一は、個々の明細帳に掲載されている神社の住所が、磯浜村に相当する神社全一五社について「東茨城郡磯浜村」となっていることである。磯浜村は前述の通り明治二二年（一八八九）の市制町村制に伴って磯浜町となっているので、それ以前の明細帳ではないかと考えられる。

第二は、明細帳の書式である。一般に神社明細帳は、明治一二年に府県に達せられた「神社寺院及境外遙拝所等明細帳書式」に基づいて明細帳の形式や記述内容が書き上げられ、府県によっては大正二年（一九一三）に修正版が作られたらしい。後者が作られた際に、明治一二年書式の内から、「境外所有地」「管轄庁までの距離」などの項目が割愛されたとのことである。(51) 磯浜村の神社明細帳はすべて無格社であるためか境外所有地の項目は立てられていないが、管轄庁までの距離は全神社について記載されている。したがって、明治一二年の書式であろうと考えられる。

第三に、磯浜村に関して大洗磯前神社の神社明細帳は存在しない。神社明細帳は官国幣社に関して作られなかったが、大洗磯前神社は明治一八年に県社から国幣中社に昇格しているので、この明細帳の成立もそれ以降ではないかと考えられる。

以上三点より、この明細帳は明治一二年の書式により、おそらく明治一八年以降、明治二二年以前に作成されたのではないか、と推定しておく。以下、番号を付し、丸括弧で小字名を付す。神社の順は、茨城県総務課より付与されたコピーの順序である。

①須賀神社（字磯鼻）　②富士神社（字諏訪山）　③沖洲神社（字祝町、昭和一七年④に合祀）　④弟橘比売神社（字祝町）　⑤桂山神社（字桂町）　⑥関根神社（字関根、大正九年に「明細帳削除」と追記有り、由緒に関根姓の祖先を祭る云々とある）　⑦鈴稲荷神社（字緑町）　⑧子の日原神社（字娛町）　⑨稲荷神社（字緑町）　⑩道祖神社（字道祖神、字の後を削除して「鍛冶屋後」と追記）　⑪白木神社（字祝町、大正九年に「明細帳削除」と追記）　⑫金刀比羅神社（字寺家ノ上）　⑬稲荷神社（字磯鼻）　⑭金刀比羅神社（字大洗）　⑮与利幾神社（字大洗）

以上の内、⑥関根神社および⑪白木神社が大正九年（一九二〇）に廃祀となったことは、上記の通りである。また③沖洲神社も、昭和一七年（一九四二）一一月一六日、県司令第七三二号により④弟橘比売神社に合併の許可があった旨、③④各々の明細帳に追記されている。

この三社（③⑥⑪）以外の現在の神社との対応をみておきたい。①②④⑦⑨⑩⑫⑬八社は宗教法人の神社として現存し、⑮与利幾神社は大洗磯前神社の境内社として現存する（写真5）。同神社は、安永六年（一七七七）に明神町の漁師が大洋で見つけた霊木を御神体とするという。(52)筆者が大洗磯前神社社務所でうかがったところによれば、この漁師は明神町（小字緑町の一部と対応）に現在も住まわれ、大洗磯前神社大鳥居の門前にある株式会社S商店として成功しているS家の者だったと云う。同神社の真新しい鳥居の裏側にS家の男性名が三人分刻まれていることから、現在もS家の氏神として篤く信仰されていることがわかる。ちなみに一九四二年九月に和歌森太郎が、この神社に関する聞き取りをS家その他で行って報告論文を書いているが、大洗磯前神社の八朔祭に関わる箇所には一人か二人のインフォーマントからの情報に依拠しているため、事実と異なる記述もある。(53)

残る三社⑤⑧⑭のうち⑧子の日原神社は、大洗町循環バスの公園墓地入口バス停から少し北側の道路沿いにある、非宗教法人・子の日原稲荷社（子の日原稲荷大明神とも）（写真6）ではないか、と考えられる。子の日原という小字名は存在しなかったらしいが、(54)現地で聞く限り現在の大洗ゴルフ倶楽部の場所とほぼ対応するとのことであり、この小祠もゴルフ場と道一つ挟んだ西側にある。先にも『大洗地方史』U十路字稲荷がこの神社ではないかと推定していたが、『大洗地方史』ではUを嘉永元年（一八四八）建立としていた。

⑤桂山神社は明細帳の祭神の項に宇迦之御魂命とするので、現在は桂町に立地する⑫金刀比羅神社の向かって右隣にある、稲荷を祀る石祠がその址ではないかと推察される。⑭金刀比羅神社は、『大洗磯前神社誌』に翻刻された明

写真5　与利幾神社（大洗磯前神社境内社の一つ）

写真6　子の日原稲荷社（非宗教法人）

治一八年昇格の際の記録の一つ「境内外摂末社明細帳」に、与利幾神社の直後に事比羅社が記されるので、(55)⑮と共に大洗磯前神社の境内無格社だったと考えられる。なお、現在の大洗磯前神社の境内社は、『茨城県神社誌』などによれば、与利幾神社や茶釜稲荷神社、清良神社を含む一一社で、(56)金刀比羅神社（事比羅社）は含まれていない。

以上一五社の合祀に関しては、上記のように③沖洲神社が④弟橘比売神社に戦時中に合祀されたという追記、およびどこかの神社に合祀されたのではないらしい⑥関根神社と⑪白木神社の廃祀（共に大正九年と記）、という三点を明細帳では確認できるのみである。つまり、旧磯浜村で日露戦後一〇年以内に神社合祀は見られなかったことになるが、先に明治一八年頃から同二二年までとした明細帳の成立年代が推論に留まるため、以下に明治以降に書かれた当地の神社に関わる複数の情報と比較照合しておく。

『三浜志』所収『磯浜志』：『三浜志』は泉彦九郎の著作で、明治三四年（一九〇一）に水戸市で刊行された。順に『湊志』『磯浜志』『平磯志』からなり、このうち『平磯志』のみ『那珂湊市史料』第一集に再録されている(57)。那珂湊市（現在、ひたちなか市）に所属することがなかった磯浜村に関する『磯浜志』は再録されなかったので、以下は国立国会図書館デジタルアーカイブによった。

『磯浜志』の神社に関する記載は、一一三頁から「神社」として大洗磯前神社が解説されている。その解説中、一二一頁から末社として境内社が一四社、境外社が一七社書き上げられている。境内社は省略するが、神社明細帳⑭の金刀比羅神社が「琴比羅神社」として、⑮の与利幾神社は同じ名称で、各々あげられている。

境外社一七社については番号を付し、丸括弧で付記されている情報の一部を追記する。まず、「境外ノ神社」とされている五社から。

1琴比羅神社（昔は原にあり、寛政の頃俊山に遷座）　2大六天（六月中旬旧字金沢にて祭）　3七竈大六天（原山の西側）　4牛頭天王（旧字永町権現台にあり）　5関根社（関根氏の氏神）

次に「外ニアル稲荷の社」一二社を列挙する。

6出世稲荷（旧山ノ台）　7大手稲荷（旧2丁目）　8万海稲荷　9大喰稲荷（二社は持ち主の名による）　10台稲荷（台ノ清吉の持主）　11永野稲荷　12八三郎稲荷　13山王稲荷　14西網稲荷　15十日稲荷　16鈴稲荷　17原山稲荷（湊町関戸の人が稲荷を信仰し、狐憑きとなり臨終に際して原山に稲荷を勧請すべしと遺言し、遺族が建立云々）

この記述にみられるように、先に参照した天保頃の神社を記録したと称する『大洗地方史』と酷似している。境外の神社に関しては、1→A、2→B、3→E（少し名称が違うが）、4→J、5→Gと対応する。その他の稲荷に関しても、6→W、7→N、8→V、9→X、10→Q、11→O、12→P、13→S、14→R（少し名称が異なる）、16→L（場所が同じ）、とそれぞれ対応すると思われる。なお、2に関しては先に『大洗地方史』に関して、戦前まで六月に天王さんの神輿渡御がある旨の記載を参照していたが、ここでも金沢で六月に祭りがあるとされているので、第六天魔王と牛頭天王とが当地で混同されていたのであろう。

このように『三浜志』所収『磯浜志』が『大洗地方史』の天保頃とされる神社のデータと比較的良く対応するのは、両者が同じ史料（個人宅に所蔵の『磯浜誌』か）に依拠して記載している可能性が高いのではないだろうか。

なお、神社明細帳との対応としては、1琴平神社が明細帳の⑫、4牛頭天王が①、5関根社は明細帳で廃祀とされていた⑥、それに近世の『磯浜志』[13]、『大洗地方史』Gと対応するであろう。「外ニアル稲荷」では、16鈴稲荷が明細帳の⑦と対応する。9大喰稲荷が「犬」喰稲荷の誤植とすれば、『大洗地方史』でのX犬喰稲荷と対応すると思われ、現在「犬飼稲荷」として天台宗西福寺の東南方向に立地する非宗教法人のことであろう。

さらに一四六頁からの「祝町の沿革」なる項にて18天妃神について解説があり、これは明細帳の④弟橘比売神社と対応するが、「此山」に鎮座していた八幡神を大洗磯前神社に移した旨の記載がある。続いて一四七頁に、「野水半次ノ信奉稲荷ハ西町ニアリ」と付記されている（これを19とする）。神社明細帳の③沖洲神社の由緒に[58]「野水半司ナル者」が伊勢国豊受神宮より分霊云々とあり、別の文献にも野水家の氏神であったとの情報があるので、この西町の稲荷と対応するであろう。

以上のように『三浜志』所収『磯浜志』は、神社の捉え方が神社明細帳とかなり異なっていると位置づけることができるであろう。これは『磯浜志』の少なくとも神社関係の記載が、上記のように個人宅所蔵の近世史料に依拠して執筆されたのでは、という推定とも関わってくる。

『郷土大観』：明治四三年（一九一〇）に磯浜町立祝町小学校校長の徳宿克忠が執筆して同小学校に所蔵されていた著作の一部を、『大洗町史料』(1)として翻刻したものとされる。神社に関する情報は少ない。

一八頁から大洗磯前神社の末社として、八幡宮（もと祝町にあり、天妃神創建のために当社境内へ）、清良社（小幡出雲守を祀る）、与利幾神社（建御名方命を祀る、安永六年に海上を漂流する異木を云々）、という三社が載る。さらに、別立てとして天妃神、および沖ノ洲稲荷（祝町字西町）の二社があげられている。

さらに、二二頁には社名がないまま、「無格社二四」とされている。[59] 大洗磯前神社の境内無格社を入れた数字なのかもしれないが、他のデータと比べて多すぎるように思われる。『大洗地方史』の二五社および『三浜志』所収『磯浜志』の一九社（境外社）は、江戸時代後半の伝承を記載していると考えられるので、それは明治以降の社格制度における無格社とは明らかに異なる。したがって、著者が神社明細帳を実見してこの無格社数を記載したのではないと推定しておく。

『東茨城郡郷土史』：大正一一年（一九二二）に塙泉嶺の編纂により刊行された。筆者が参照したのは一九八一年に賢美閣より復刻された版[60]であるが、冒頭の「刊行にあたって」で原本の誤植を訂正したとするものの、かなりそれが残っていると思われる。

ともあれ、磯浜町の部で三〇一頁「社事」（社寺の誤字であろう）に、以下の「無格者」（これも無格社の誤字であろう）一〇社が載る。小文字アルファベットを付して列挙したい。

a寄木神社　b同緑町稲荷神社　c同桂山稲荷神社　d同須賀神社　e同道祖神社　f同鈴稲荷神社　g同子ノ日原神社　h同磯鼻稲荷神社　i同沖州神社　j同弟橘比売神社

この内、aとcに社掌名が載る。神社明細帳との対応としては、a→⑮、b→⑨、c→⑤（⑤の祭神が宇迦之御魂であるため）、d→①、e→⑩、f→⑦、g→⑧、h→⑬、i→③、j→④となり、当該書に掲載されている一〇社全てが神社明細帳と対応する。

神社明細帳にあってこちらに出て来ないのは、金刀比羅神社二社（⑫と⑭）、②富士神社、および明細帳の追記で「明細帳削除」とある⑥関根神社と⑪白木神社である。⑥⑪は明細帳の追記で削除された年を「大正九年」としているため、大正一一年出版の同書に掲載されていないのであろう。残りの②⑫⑭が掲載されていない理由は不明であるが、②および⑫は現存するので、同書側に問題があると思われる。

『東茨城郡誌』：昭和二年（一九二七）に刊行され、筆者は名著出版より一九八三年に復刻再刊された上下二巻本を参照した。[61] その上巻四四四頁の郡内神社を行政区画ごとに集計した表に、磯浜町は国幣中社一、無格社一三と出る。無格社の名前がないものの、この数は神社明細帳に「明細帳削除」と追記のある⑥関根神社および⑪白木神社を除いた無格社数と一致する。なお、同頁に磯浜村の神饌幣帛料供進社はゼロとされていることも注目される。

左記以外に掲載の神社	掲載社合計数（大洗磯前神社以外）
2,3,6,7,8,9,10,11,12,13,14,15,17	17（境外社）
	29（無格社）
（無し）	10（無格社）
	13（無格社）

以上の情報に関して神社明細帳収録の神社名を基準として、各史料における言及の可否、およびその他の神社などについて表2にまとめておく。行（左項目）が以上の史料名、列（上項目）が神社明細帳の①から⑮までの神社名である。

この表をみると、明治三四年（一九〇一）『三浜志』所収『磯浜志』（境外社一七社）は氏神的な稲荷が多く掲載されているため、表の上では神

表 2　神社明細帳（茨城県庁所蔵）掲載神社とその他史料との対照

神社明細帳の神社／神社明細帳以外の史料	①須賀	②富士	③沖洲	④弟橘比売	⑤桂山	⑥関根	⑦鈴稲荷	⑧子の日原	⑨緑町稲荷	⑩道祖	⑪白木	⑫金刀比羅	⑬磯鼻稲荷	⑭大洗金刀比羅	⑮与利幾
磯浜志（明治34・1901）	4		19	18	?	5	16	?	?		?	1	?	○	○
郷土大観（明治43・1910）			○	○											○
東茨城郡郷土史（大正11・1922）	d		i	j	c		f	g	b	e			h		a
東茨城郡誌（昭和2・1927）	—	—	—	—	—	—	—	—	—	—	—	—	—	—	—

社明細帳（無格社一五社）とあまり対応していないが、前述のように『大洗地方史』とは良く対応していた。なお、その「外ニアル稲荷」一一社（6から15までと17）に関しては、神社明細帳の⑨⑬が稲荷神社である他、⑤桂山神社の祭神が「宇迦之御魂命」、⑧子の日原神社および⑪白木神社が「保食神《うけもちのかみ》」とされていることが想起される。そこで、表には神社明細帳のこれら五つの稲荷神を祀る神社について、「外ニアル稲荷」一一社と対応する可能性もあるという意味合いで、？マークを付しておいた。また、ノンブル（表中の数字）は境外社のみに振ったので、対応すると考えられる⑭⑮については○をつけた。

明治四三年『郷土大観』（固有名詞なしの無格社二四社）は、ここでみてきたデータのなかでは突出した数字であるが、根拠がよくわからない。あるいは、『郷土大観』のいう通り明治四三年までは無格社が磯浜エリア（当時は磯浜町）に二四社あり、いつの頃か現存の明細帳に載っていない九社が廃祀、かつそれら神社の明細帳が茨城県庁に現存する簿冊から排除された可能性があるかどうか。もし万が一現存の簿冊から廃祀された明細帳九社分が取り除かれたなら、上記のようにこの簿冊の背表紙に明治四五年とあるので、その全九社の廃祀と現存簿冊からの除去が明治四三年から四五年までの三年間に行われたことになる。しかし、現存の

写真７　富士神社（車塚古墳頂）

神社明細帳のうち一社分（⑤桂山神社）に関して明治三一年に焼失した旨の追記があるので、それ以降に廃祀となった神社についても、大正九年（一九二〇）に廃祀されたと追記されている⑥⑪と同じように、神社明細帳の簿冊に残るのではあるまいか。したがって、明治四三年から四五年の間に固有名詞の不明な九社が廃絶したことは、ほぼあり得ないと捉えておく。

大正一一年『東茨城郡郷土史』（無格社一〇社）および昭和二年（一九二七）『東茨城郡誌』（無格社一三社）は、とくに後者は無格社名が記載されないものの、神社明細帳に大正九年「明細帳削除」と追記された⑥⑪の二社を除く無格社一三社が、昭和二年まで残ったことを示すであろう。

なお、②富士神社および⑭小字大洗の金刀比羅神社は、表のどの史料にも出て来ないが（②は近世分と考えた『大洗地方史』にはC浅間社として出ていた）、前述のように②は現存している（写真７）。⑭は、明治三四年刊の『磯浜志』（『三浜志』所収）に、大洗磯前神社の境内社「琴比羅神社」として記載されていることを、既にみた。

このように、『郷土大観』の無格社二四社という記述に疑念が残るものの、茨城県庁所蔵の神社明細帳が先に推定したように明治一八年から二二年までの間に成立したのであれば、磯浜エリアでは明治末から大正初期にかけて神社合祀がなされなかった、と推定することが許されるであろう。

六　結び―事例の評価を含めて―

以上の考察のうち、神社明細帳の⑤桂山神社と⑧子の日原神社が消えた時期や経緯については不明である。とはいえ、『東茨城郡郷土史』の記載をみる限り、⑤⑧とも大正一一年（一九二二）まで存在していたのは確実であろう。既に述べたように、⑤については桂町の金比羅神社脇にある稲荷の石祠ではないかと思われる。なお、この神社の明細帳には先述のように明治三一年（一八九八）に焼失したという追記に加え、明治三二年に再建の届け出があったと追記されているので、実際には再建されなかった可能性もないとは云えない。⑧については、元の「子の日原」の地を開拓したゴルフ場の向かい側にある小祠として、非宗教法人ながら現存していることを既に記した（前掲、写真6）。筆者の手元に昭和五年（一九三〇）頃の磯浜町の地図コピーがあるが、そこでも今の「子の日原稲荷社」とほぼ同じ場所（現在の「祝町いささかりんりん通り」に相当する道路の西側）に鳥居マークがある。

また、③沖洲神社が④弟橘比売神社に合祀されたのも昭和一七年であるので、内務省の神社合祀とは無関係である。⑭の金刀比羅神社のみ、大洗磯前神社の境内社であったものの、いつの日か祭祀されなくなったのであろう。というのも、大洗磯前神社の境内社のなかで合祀されてしまった神社が他にも知られているからである。現在の境内社の一つである茶釜稲荷神社の脇に「大甕磯神社」の石碑があるが（写真8）、この大甕磯神社はいつの時期か茶釜稲荷神社に合祀された神社だという。茶釜稲荷神社は下館市に在住のH家の氏神とのことである。境内には写真の石碑とは別に、「茶釜稲荷神社」を中央に、向かって右に「櫛形山神社」、左に「大甕磯神社」と彫られた石碑もあるので、茶釜稲荷神社は両神社を合祀したのだと、そこからも理解できる。

写真8　茶釜稲荷神社（左）と大甕磯神社石碑

あるいは、二〇一六年に大洗駅と大洗マリンタワーを結ぶ「きらめき通り[62]」が建設された際、髭釜にある行人塚古墳[63]の東半分ほどが壊された。そこに社殿と鳥居があり、古墳に面しているお宅の氏神（稲荷神）であったそうである[64]。

以上のように、大洗の磯浜エリアでは近現代に神社（境内社を含む）の廃祀や合祀がいくつか確認できるが、それは決して日露戦後における国家統制策によるものではない。

そもそも磯浜という場所そのものが、既にみてきたように、古代からの聖地、光圀の関与、天狗党の乱による焼失、近代の観光地化、と特別な場所であった。光圀の一村一鎮守策の例外となったし（大洗磯前神社と天妃山媽祖権現、その他非公式であろうが二〇余りの社祠）、天保期の人口が四〇〇〇人近いとされることは、民俗学者が期待するロマン主義的な「ムラ」でありえなかった。そのなかでも遊郭として栄えた祝町は、近世には典型的な漁村であった磯浜村[65]のなかで特異な場所であり、つまり近世村としての一体性がなかったと考えられる。

また、現在の須賀神社（神社明細帳①）および永町の稲荷神社（同⑬）がいずれも日下ヶ塚古墳の麓に位置し、本殿の奥方向に墳頂があるので拝殿前から見ると墳頂を拝むように建造されていること（地図参照）、また富士神社（同②）が車塚古墳の頂上に立地しているように（前掲、写真7）、古墳と街および神社との関わりも他地と異なるものがあったと推察される。上述した「きらめき通り」建設のためにごく近年壊された氏神の稲荷神も、古墳の丘陵上に祀られていた由である。

少し観点を変えてみると、日露戦後の磯浜町が神社合祀策の影響を受けなかったのは、国幣中社大洗磯前神社の影響が強く、エリア内のほぼすべての神社を所轄していたこと、さらにそのうち神社明細帳に掲載されたすべてが無格社であったことから、神饌幣帛料供進社が皆無であった。このことにより、無格社に対して合祀を迫る圧力がなかったとも推察される。

近年の神社合祀研究は、ロマン主義を前提とした国家統制―住民の抵抗、といった旧弊な図式から解放された論考が登場し始めている。神社合祀に関わるステークホルダーの一つである行政において、府と郡との間で意向が異なっていた場合や[66]、境内整備など神社の護持において神社合祀策の意義を積極的に評価する見解[67]、等など。また、本稿での考察の一部と似た関心の先行研究として、行政がどのような存在を神社と捉えたのか、という問いからの実証的な考究も見られる[68]。

それらと比べてさえ、大洗町磯浜エリアにおける神社のゆるやかな統廃合は、独自ではないだろうか。そうした統廃合が国家統制の影響をほぼ受けておらず、したがってロマン主義的な村と神社との関係が壊されたのではなかった（近世に遡っても、そうしたロマン主義的な布置連関は存在しなかった）、と考えられるからである。

注

（1）柳田國男『神道と民俗学』（明正堂書店、一九四三年）。『定本柳田國男集』第一〇巻（筑摩書房、一九六二年）に収録。柳田の立論について、本書「緒言」で概要を示した。

（2）由谷裕哉「柳田國男『神道と民俗学』における神社祭祀論の再検討」（『民俗学論叢』三三、二〇一八年）、六八頁参照。

（3）小祠統廃合策と捉える見方もあった明治九年（一八七六）の教部省達第三七号に関して、それが小祠を存置させる方向性のものであり、無格社を大量に成立させる契機となったとする研究として、森岡清美「明治初年における小祠処分と無格社」（下出積與（編）『日本宗教史論纂』桜楓社、一九八八年）を参照。また、次の論文に明治初期の神社整理に関して、詳しい事例研究がみられる。時枝務「神社整理と村落祭祀―伊勢崎市上之宮の場合―」（『伊勢崎市史研究』四、一九八六年）。

（4）藤本頼生「無格社整理と神祇院―「国家の宗祀」と神社概念―」（『國學院雑誌』一一三―一一、二〇一二年）、畔上直樹「戦時期村役場文書にみる無格社整理―新潟県矢代村・上郷村を事例に―」（阪本是丸（編）『昭和前期の神道と社会』弘文堂、二〇一六年）、参照。

（5）同年四月に「府県社以下神饌幣帛料供進ニ関スル」（勅令第九六号）が、八月に「神社寺院仏堂跡地ノ譲与ニ関スル」（勅令第二二〇号）が出された。

（6）岡田包義『神祇制度大要』（政治教育協会、一九三六年）、西川順士「神社整理問題の史的考察」（『神道研究』三―四、一九四二年）、など参照。

（7）森岡清美「明治末期における集落神社の整理―三重県下の合祀過程とその結末―」（『東洋文化』四〇、一九六六年）。

（8）由谷裕哉「小松市内の神社合祀研究・序説」（『小松短期大学論集』二五、二〇一九年）。

（9）萩原龍夫「神社祭祀」（和歌森太郎（編）『宇和地帯の民俗』吉川弘文館、一九六一年）。

（10）鈴木通大「神社整理後における〈分祀〉について」（『神奈川県立博物館報告』一〇、一九八二年）。

（11）田澤直人「ムラと神社合祀―長野県東筑摩郡本城村東条区八木耕地の場合―」（『信濃』三七―一、一九八五年）。

（12）田中宣一「一村落における明治末期の神社整理―神奈川県川崎市麻生区岡上の場合―」（『成城文芸』一〇三、一九八三年）。

(13) 喜多村理子『神社合祀とムラ社会』（岩田書院、一九九九年）。

(14) 岸本昌良「書評　喜多村理子『神社合祀とムラ社会』」（『日本民俗学』二二三、二〇〇〇年）。

(15) 由谷裕哉「地域社会と神社合祀―宗教の社会統合論再考―」（『地方史研究』二五〇、一九九四年）。

(16) 石川県の皇国地誌の内、能美郡分の一部が翻刻された『石川県史資料　近代編』（4）（石川県、一九七七年）の六頁に、能美郡徳橋郷鍋谷の神社として村社八幡神社が一社、無格社八幡神社が七社、それぞれ書き上げられている。

(17) 鍋谷は鍋谷川に沿って集落が東西に展開しており、下流側から口鍋谷・中央鍋谷・奥鍋谷の三集落からなる（七つの「垣内」からなる、近世の集落分布とは異なる）。そのうち口鍋谷は小松市の勧帰寺門徒が多く、一九八〇年代後半の調査時当時には勧帰寺の道場があった。奥鍋谷は調査当時、全戸が小松市の本覚寺門徒であり、調査当時は本覚寺道場が一つ、開店休業的な状態にあった（道場主の没後跡継ぎが決まらないものの、道場仏は未返還）。『小松本覚寺史』（同寺、一九八二年）によれば、奥鍋谷には以前、さらに二つ本覚寺の道場があったらしい（同書一九二―一九三頁）。他にも、中央鍋谷には小松市称名寺の手次門徒が、調査当時八戸あった。

(18) 由谷裕哉・佐藤喜久一郎『サブカルチャー聖地巡礼』（岩田書院、二〇一四年）、とくに第二章「アニメ聖地に奉納された絵馬に見られる祈りや願い」（執筆は由谷）、由谷裕哉「大洗磯前神社への聖地巡礼：奉納絵馬に注目して」（『北陸宗教文化』二九、二〇一六年）、YOSHITANI Hiroya,"Anime-Pilgerfahrt und Krieg", Johannes Moser (Hersg.), *Themen und Tendenzen der deutschen und japanishcne Volkskunde im Austausch*, Waxmann Verlag GmbH, 2018.

(19) 宮崎報恩会（編）『新編常陸国誌』（常陸書房、一九六九年）、二五〇頁。

(20) 柳田國男「玉依姫考」（『郷土研究』四―一二（一九一七年）に川村杳樹名で掲載。のち、『妹の力』（創元社、一九四〇年)に再録。さらに、『定本柳田國男集』第九巻(筑摩書房、一九六二年)に収録。
(21) 『大洗磯前大明神本縁』(大洗磯前神社、一九九八年)、一二―一五頁(影印)、八一―八二頁(翻刻)、参照。
(22) 根井浄『補陀落渡海』(法藏館、二〇〇一年)、三三二―三六五頁、参照。
(23) 『新編常陸国誌』(注19前掲)、三五七頁。
(24) 『東茨城郡誌』上巻(名著出版、一九七三年)、五七九頁(原著一九二七年)。
(25) 『新編常陸国誌』(注19前掲)、二五一頁。
(26) 同前頁。
(27) 天妃神から弟橘比売神への祭神変更および弟橘比売神社の遷座に関しては、次が詳しい。山形雄三『祝町昔がたり』(私家版、一九八一年)、三〇―四一頁。同書を含む以下に参照する計三冊の私家版図書は、すべて茨城県立図書館もしくは大洗町文化センター内図書室で閲覧可能である。
(28) 大洗町史編さん委員会(編)『大洗町史　通史編』(大洗町、一九八六年)、三二九頁。
(29) 同前六九七頁。
(30) 那珂川を挟む対岸平磯(現、ひたちなか市)に光圀の別邸「賁賓閣《いひん》」があったので、おそらく史実であろう。この賁賓閣は、本文で後述する元治甲子の乱で焼失し、現在は残っていない。
(31) 『大洗町史　通史編』(注28前掲)、五〇九―五二一頁。
(32) 同前五二二―五二四頁。
(33) たとえば、原口隆之『日本の路面電車』2(JTB、二〇〇〇年)、六二―六四頁、生方良雄『昭和の路面電車　関東甲信越編』(講談社、二〇一一年)、一三八―一四五頁、など。

(34)『大洗町史　通史編』（注28前掲）、六七九―六八一頁。
(35)由谷裕哉「小田内通敏の郷土研究の再検討：『綜合郷土研究　茨城県』に注目して」（『京都民俗』三五、二〇一七年）、二九頁参照。
(36)『大洗町史　通史編』（注28前掲）、七九九頁。
(37)由谷裕哉「大洗磯前神社への聖地巡礼：奉納絵馬に注目して」（注18前掲）、六七―七〇頁。
(38)『茨城県神社誌』（茨城県神社庁、一九七三年）、八三八―八四二頁。
(39)『綜合郷土研究　茨城県』下巻（茨城県、一九三九年）、一六一頁。
(40)圭室文雄『江戸幕府の宗教統制』（評論社、一九八〇年）、一二四―一三二頁。
(41)東海村史編さん委員会（編）『東海村史』（東海村、一九九二年）、七三五―七三六頁（執筆は徳丸亜木）。
(42)森岡清美『近代の集落神社と国家統制』（吉川弘文館、一九八七年）、一七〇頁。
(43)岸本昌良「「神社合祀」の実態―個別研究のためのパースペクティブ」（『史潮』九、一九八一年）。
(44)茨城県史編さん近代史部会（編）『茨城県史料　近代統計編』（茨城県、一九六七年）、五四頁。
(45)茨城県史編さん近世史第1部会（編）『茨城県史料　近世地誌編』（茨城県、一九六八年）、二八頁参照。
(46)大洗町文化財保存会（編）『大洗町史料』（1）（大洗町教育委員会、一九六九年）。
(47)岡田米夫『大洗磯前神社誌』（同神社、一九八一年）、二三七頁。
(48)江原忠昭『大洗地方史』（私家版、一九六〇年）。
(49)大久保景明『大洗歴史漫歩』（私家版、二〇〇二年）、五九頁。
(50)『茨城県史料　近世地誌編』（注45前掲）、三六五頁。

(51) 国文学研究資料館『社寺明細帳の成立』(名著出版、二〇〇四年)、参照。
(52) 『大洗町史 通史編』(注28前掲)、三五七—三五八頁。
(53) 和歌森太郎「大洗採訪記—鹿島信仰をめぐる諸問題—」(『和歌森太郎著作集』第一四巻、弘文堂、一九八二年、初出一九四三年)。インフォーマントがS家の女性か大洗磯前神社の神職かは明記されていないが、八朔祭の注連切について「明神町の警防署・郵便局前のところに張られた注連縄を馬上から短剣で切りつけ」云々(著作集版一四三頁)とあるのが、明らかに間違い。現在この儀礼(注連切)は行われていないが、大久保景明『大洗歴史漫歩』(注49)の口絵に「昭和初期」と付記のうえ注連切の写真が載っている。当時の街並みに詳しい方によれば、背景に写っているのは現在の山戸呉服店の周辺(向かって右に大久保酒店、左に信号があってさらに左に江口又新堂)で、それは明神町でなく曲松、昔はこのあたりに郵便局があったことは確か(警防署は不明)、とのこと。また、大久保著書の口絵写真のキャプションにも、「曲松の注連切」云々とある。そこから推察すれば、明神町のS家で聞いた話を和歌森が同町の行事と誤解して、警防署と郵便局の場所を確認しないまま論文に記したのであろう。
(54) 茨城県東茨城郡大洗町史編さん委員会(編)『大洗町の小字地名』(大洗町、一九八一年)。
(55) 『大洗磯前神社誌』(注47前掲)、二三九頁。
(56) 『茨城県神社誌』(注38前掲)、五三頁。現在も境内社一一社の位置は、この時点と変化ない。
(57) 『那珂湊市史史料』第一集(同市、一九七五年)、二四九—二五九頁。
(58) 山形雄三『祝町昔がたり』(注27前掲)、三〇七—三〇八頁参照。なお、沖洲稲荷が合祀されたことについては、現在の弟橘比売神社の本殿手前に一対の小ぶりな狐像があり、さらに本殿裏に稲荷を祀った小祠があることからも理解できる。

(59)『大洗町史料』(1)（注46前掲）、一六—二二頁。
(60)塙泉嶺（編）『東茨城郡郷土史』（賢美閣、一九八一年、原著一九二二年）、三〇一頁。
(61)『東茨城郡誌』上巻（注24前掲）、四四四頁。
(62)大洗観光協会のウエブサイト「駅前海岸線—きらめき通り」を参照。http://www.oarai-info.jp/page/page000222.html（二〇一九年七月三〇日最終確認）。
(63)『髭釜遺跡　行人塚古墳　都市計画道路駅前海岸線整備　事業地内埋蔵文化財調査報告書』（茨城県教育財団、二〇一七年）。
(64)大洗博覧会（二〇一九年五月二日）配付資料、および現地見学会での質疑応答より。その時にうかがった話では、氏神を奉斎していたお宅は、いずれ伏見稲荷から御神体をいただいて再び稲荷神を祀る計画とのことで、既に祠の予定地に鞘堂的な建造物が作られていた。
(65)伊藤純郎『三浜漁民生活誌—大洗地方の近代史—』（崙書房、一九九〇年）、参照。
(66)福島幸宏「神社合祀と地域社会—旧水本村大字寝屋の動向を中心に—」（『市史紀要』一二、寝屋川教育委員会、二〇〇五年）。
(67)河村忠伸「神社護持における合併の意義」（『神社本庁総合研究所紀要』二三、二〇一八年）。
(68)櫻井治男「地域神社の近代を再考する—中央と地方・「神社」と「非」神社の狭間に何を見るか—」（『宗教研究』三九二、二〇一八年）。

謝辞　茨城県総務部総務課には、神社明細帳磯浜村分を公開のうえ複写していただいた。大洗磯前神社権禰宜・渕上智之様、大洗町教育委員会・蓼沼香未由様からは、懇切なご教示を賜った。Twitterで『大洗歴史漫歩』口絵写真の商店街について詳細にご教示下さった匿名の方々を含めて、ここに感謝の念を記しておきたい。

【執筆者紹介】掲載順　＊は編者

由谷 裕哉（よしたに・ひろや）＊

1955年生　小松短期大学名誉教授・金沢大学人間社会研究域客員研究員
『近世修験の宗教民俗学的研究』（岩田書院、2018年）
『郷土の記憶・モニュメント』（岩田書院、2017年、編著）
『郷土再考』（角川学芸出版、2012年、編著）

柏木 亨介（かしわぎ・きょうすけ）

1976年　國學院大學神道文化学部助教
「国立ハンセン病療養所の神社創建―国家権力下のムラの神―」（藤田大誠編『国家神道と国体論―宗教とナショナリズムの学際的研究―』弘文堂、2019年）
「現代民俗学における三つの歴史概念―普遍性・遡及・変遷―」（古家信平編『現代民俗学のフィールド』吉川弘文館、2018年）
「身分意識の高揚と民俗社会―西南戦争下の阿蘇谷の打ち毀し―」（浪川健治・古家信平編『別冊 環23 江戸-明治 連続する歴史』藤原書店、2018年）

及川　高（おいかわ・たかし）

1981年生　沖縄国際大学総合文化学部准教授
『<宗教>と<無宗教>の近代南島史』（森話社、2016年）
「「東日本大震災に被災した無形民俗文化財調査」データベースの社会的意義」（『沖縄国際大学総合学術研究紀要』19(1)、2017年）

時枝　務（ときえだ　つとむ）

1958年生　立正大学文学部教授
『山岳霊場の考古学的研究』（雄山閣、2018年）
『山岳宗教遺跡の研究』（岩田書院、2016年）
『霊場の考古学』（高志書院、2014年）

畔上 直樹（あぜがみ・なおき）

1969年生　上越教育大学大学院学校教育研究科教授
『明治神宮以前・以後―近代神社をめぐる環境形成の構造転換―』（鹿島出版会、2015年、共編）
『「村の鎮守」と戦前日本―「国家神道」の地域社会史―』（有志舎、2009年）
「国教問題と近代日本―神社-ネオ国教論の形成と展開―」（伊藤聡・吉田一彦編『日本宗教史3 宗教の融合と分離・衝突』吉川弘文館、2020年7月刊行予定）

神社合祀《じんじゃごうし》 再考《さいこう》

2020年（令和２年）７月　第１刷　600部発行　　定価［本体2800円＋税］

編　者　由谷 裕哉

発行所　有限会社岩田書院　代表：岩田　博　　http://www.iwata-shoin.co.jp

〒157-0062 東京都世田谷区南烏山4-25-6-103　電話03-3326-3757 FAX03-3326-6788

組版・印刷・製本：ぷりんてぃあ第二

ISBN978-4-86602-102-7　C3021　¥2800E

コピーOK

岩田書院 刊行案内 (27)

			本体価	刊行年月
075	川勝　守生	近世日本石灰史料研究12	5400	2019.05
076	地方史研究会	学校資料の未来	2800	2019.05
077	朝幕研究会	論集 近世の天皇と朝廷	10000	2019.05
078	野澤　隆一	戦国期の伝馬制度と負担体系＜戦国史18＞	6800	2019.06
079	橋詰　　茂	戦国・近世初期 西と東の地域社会	11000	2019.06
080	萩原　三雄	戦国期城郭と考古学	6400	2019.07
081	中根　正人	常陸大掾氏と中世後期の東国＜戦国史19＞	7900	2019.07
082	樋口　雄彦	幕末維新期の洋学と幕臣＜近代史23＞	8800	2019.08
083	木本　好信	藤原南家・北家官人の考察＜古代史13＞	4900	2019.08
084	西沢　淳男	幕領代官・陣屋 データベース	3000	2019.08
085	清水　紘一	江戸幕府と長崎政事	8900	2019.08
086	木本　好信	藤原式家官人の考察	5900	2019.09
087	飯澤　文夫	地方史文献年鑑2018	25800	2019.10
088	岩橋・吉岡	幕末期の八王子千人同心と長州征討	3000	2019.11
089	西沢　淳男	飛騨郡代豊田友直在勤日記１＜史料叢刊13＞	7000	2019.11
090	幕藩研究会	論集 近世国家と幕府・藩	9000	2019.11
091	天田　顕徳	現代修験道の宗教社会学	4800	2019.11
092	坂本　　要	東国の祇園祭礼	11000	2019.12
093	市村高男ほか	勝尾城筑紫氏遺跡と九州の史跡整備＜H28＞	1800	2019.12
094	丹治　健蔵	東海道箱根関所と箱根宿＜近世史52＞	7200	2019.12
095	川勝　賢亮	武州拝島大師本覚院の歴史文化	1800	2020.01
096	加藤　正春	奄美沖縄の霊魂観	8000	2020.02
097	石井　清文	鎌倉幕府連署制の研究	11800	2020.02
098	福井郷土誌懇	幕末の福井藩＜ブックレットH29＞	1600	2020.03
099	北川　　央	近世の巡礼と大坂の庶民信仰	3800	2020.04
100	南奥羽戦国史	伊達政宗－戦国から近世へ	2400	2020.04
101	戦国史研究会	論集 戦国大名今川氏	6700	2020.04
102	高橋　裕文	中世東国の村落形成＜地域の中世21＞	2600	2020.04
103	斉藤　　司	江戸周辺と代官支配＜近世史53＞	6800	2020.05
104	川勝　守生	近世日本石灰史料研究13	7600	2020.05
105	加賀藩ネット	加賀藩政治史研究と史料	7500	2020.05
106	入江　英弥	オトタチバナヒメ伝承	8400	2020.06

011	由谷　裕哉	白山石動修験の宗教民俗学的研究	7900	94.03
535	由谷　裕哉	白山・立山の宗教文化	7400	2008.12
038	由谷　裕哉	近世修験の宗教民俗学的研究	7000	2018.04
803	時枝・由谷他	近世修験道の諸相＜ブックレットH14＞	1600	2013.05
009	由谷裕哉編	郷土の記憶・モニュメント＜ブックレットH22＞	1800	2017.10